BUSINESS KYOIKU

学習テキスト

はじめての
コンプライアンス

弁護士　香月裕爾●著

ビジネス教育出版社

はじめに

　筆者は、1990年に弁護士資格を得た後、25年にわたり金融法務に携わってまいりました。その間、コンプライアンスに関する書籍や論稿も複数上梓しています。

　コンプライアンスに関する書籍も多く出版されていますが、バブル経済時から20年以上を経て、初心者向けの書籍が少ないように思います。また、筆者が体験した事案などは、すでに記憶の彼方に忘れ去られたものも多いと思います。このような状況の下において、若い方に向けて、金融機関のコンプライアンスについて、何らかのメッセージを伝えることも必要だと考えました。

　1980年代は、おそらく金融業界にとって黄金時代だったと思います。右肩上がりの証券市場、日本企業による米国不動産の買上げなど、わが国の好景気の証左を挙げればきりがなく、国民の多くがわが世の春を謳歌していたと思います。

　ところが、1990年代に入り、急速にバブル経済の崩壊が始まり、多くの金融機関につけが回ってきました。その後の状況は、皆様がご存知のとおり、金融機関の淘汰・統合の歴史となります。

　筆者は、金融法務を中心にバブル経済が崩壊した年に弁護士登録を行い、多くの金融不祥事件を目の当たりにしてまいりました。このような経験を少しでも、金融機関の若年職員の方々に共有していただきたいと考えています。

　本書籍の出版にあたっては、ビジネス教育出版社の皆様にお世話になりました。心から深く感謝いたします。

2015年11月

小沢・秋山法律事務所

弁護士　香月裕爾

第Ⅰ章　コンプライアンスの基本

- 1　コンプライアンスとは……………………………………………………………8
- 2　コンプライアンスの根拠…………………………………………………………9
  - ❶　銀行法等の業法……………………………………………………………9
  - ❷　金融検査マニュアルと監督指針…………………………………………10
  - ❸　その他の法律………………………………………………………………10
- 3　金融機関職員の基本的な義務……………………………………………………12
  - ❶　善管注意義務………………………………………………………………12
  - ❷　就業規則上の各種義務……………………………………………………13
  - ❸　セクシュアル・ハラスメントの防止……………………………………14
  - ❹　パワー・ハラスメントの防止……………………………………………16
  - ❺　ソーシャルメディアに関する問題………………………………………16
- ●確認テスト……………………………………………………………………………20

第Ⅱ章　コンプライアンスの実践

- 1　**不祥事件防止とコンプライアンス**……………………………………………22
  - ❶　銀行等における不祥事件…………………………………………………22
  - ❷　不祥事件の未然防止策……………………………………………………23
  - ❸　不祥事件発覚時の対応等…………………………………………………25
- 2　**顧客情報管理とコンプライアンス**……………………………………………27
  - ❶　金融機関等の守秘義務……………………………………………………28
  - ❷　個人情報保護法による義務………………………………………………29
  - ❸　個人情報取扱事業者の義務………………………………………………31
  - ❹　顧客情報漏えい時の対応…………………………………………………34
  - ❺　個人情報保護法の改正……………………………………………………35
- 3　**マネー・ローンダリングの防止とコンプライアンス**………………………39
  - ❶　マネー・ローンダリングの意義…………………………………………39
  - ❷　マネー・ローンダリング対策の変遷……………………………………39
  - ❸　米国同時多発テロとわが国の法令等の整備……………………………40
  - ❹　犯罪収益移転防止法の制定………………………………………………41

❺ 犯罪収益移転防止法上の義務·· 41
　　　❻ 犯罪収益移転防止法の改正·· 44
　4　反社会的勢力との関係遮断とコンプライアンス······························ 46
　　　❶ 反社会的勢力とは·· 46
　　　❷ 反社会的勢力による弊害··· 47
　　　❸ 反社会的勢力との訣別の必要性··· 49
　　　❹ 反社会的勢力の具体的な排除方法·· 51
　　　❺ 政府指針を踏まえた対応方法·· 53
　5　預金業務とコンプライアンス·· 54
　　　❶ 預金契約とは·· 54
　　　❷ 取引の相手方·· 55
　　　❸ 取引名義人と代理人・使者··· 58
　　　❹ 事務取扱い上の留意点·· 59
　6　融資業務とコンプライアンス·· 62
　　　❶ 融資取引における金融機関の説明義務····································· 63
　　　❷ 融資取引と不公正な取引方法·· 69
　　　❸ 法令等に違反する融資取引··· 72
　　　❹ 銀行取引約定書··· 77
　　　❺ 経営者保証に関するガイドライン··· 78
　7　金融商品の販売・勧誘とコンプライアンス···································· 81
　　　❶ 金融商品取引法··· 82
　　　❷ 金融商品販売法による説明義務等·· 89
　　　❸ 高齢者への金融商品販売と日証協ルール·································· 92
　　　❹ 銀行法による情報提供義務等·· 95
　　　❺ 保険業法に基づく規制·· 95
　　　❻ 消費者契約法に基づく規制··· 100
　8　その他業務とコンプライアンス··· 102
　　　❶ 相談業務··· 102
　　　❷ コンサルティング業務、ビジネスマッチング業務等···················· 103
　9　内部管理とコンプライアンス·· 104
　　　❶ インサイダー取引の禁止··· 104
　　　❷ 内部通報制度·· 107

❸ 男女均等待遇	108
●確認テスト	113

参考資料：中小・地域金融機関向けの総合的な監督指針
　　　　　Ⅱ─3─1　法令等遵守（抜粋）……………………………115

確認テスト●解答……………………125

ひとくちメモ

政省令	10
法律の構成	12
条文の構成	18
PDCA	25
「公布」と「施行」	28
刑罰の種類	38
内部統制システム	51
利益相反管理の必要性	72

表紙デザイン・株式会社ヴァイス

第 I 章

コンプライアンスの基本

● 学習のねらい ●

　この章では、金融機関の職員に求められているコンプライアンスの基本について学習します。コンプライアンスの考え方、コンプライアンスが重要視されるようになった背景、その根拠などの基本的な枠組みを確実に身につけてください。

　そして、金融機関の職員に求められる就業上の基本的な義務について、説明をしますから、皆様の職務や生活を念頭にどのような行為をしてはならないかについて、理解を深めてください。

第Ⅰ章 コンプライアンスの基本

1 コンプライアンスとは

　コンプライアンスは、英語で「従う」ということです。金融機関の監督官庁である金融庁は、「法令等遵守（じゅんしゅ）」という訳をあてています。要するに、**金融機関やその職員が法令やルールを守る**ことがコンプライアンスの意義となります。このように説明すれば、「当然ではないか」と考える方が大多数でしょうが、我が国の金融機関が法令等遵守を求められるには、それなりの背景があります。

　昭和の末期から平成初めにかけて、バブル経済と呼ばれる異常な経済状況が続きました。金融緩和が常態化し、市中にお金が余りすぎ（過剰流動性）、金融機関がお金を貸し過ぎる状況となったのです。

　日経平均株価は、平成元（1989）年12月末に3万8,915円の史上最高値をつけ、東京圏のマンションの価格はサラリーマンの世帯年収の8倍にまで高騰しました。大手不動産会社による米ニューヨークのロックフェラーセンター買収など、海外の資産・企業を次々に買いあさるジャパンマネーは世界の注目を浴びました。

　ところが、株価は年が明けてまたたく間に下落を続け、翌年10月には2万円を割り込んでしまい、地価も下落に転じます。このような状況において、多くの金融機関の貸出先である事業者（特に不動産事業者）が倒産し、金融機関自体が窮地に追い込まれていきます。日本経済にとって、1990年代は「失われた10年」と呼ばれ、多くの金融機関が淘汰（統合を含む）されました。都市銀行、大手証券会社、長期信用銀行、保険会社、第二地方銀行、信用金庫、信用組合、労働金庫、JAなどです。

　コンプライアンスは、上記のような背景からクローズアップされるようになりました。行内ルールの不備、監督官庁との癒着、一部顧客への不正融資などが不祥事の温床となりました。

　そのうえ、バブル経済崩壊後の不況を受けて、金融機関は正規の職員を減らしパートタイマーなどの非正規職員による支店運営が常識となったころから、金融機関職員による不祥事件が増加するようになりました。

　他方、監督官庁は、平成10（1998）年に大蔵省の金融機関監督部門が分離されました。これにより金融監督庁（後の金融庁）が発足し、従来の

> コンプライアンスは法令やルールを守ること

> 護送船団から自己責任へ

大蔵省による「**護送船団方式**」（金融機関を倒産させない）から、「**自己責任方式**」に転換されました。

翌平成11年7月、金融監督庁は「金融検査マニュアル」を制定しました。金融検査マニュアルは、**金融検査を実施する検査官のためのマニュアル**ですが、検査において指摘等を受けないためには、金融検査マニュアルに従った態勢整備を行う必要があります。そこで、各金融機関において、検査マニュアルに従った態勢を整備することが求められるようになりました。

金融検査マニュアルの制定

加えて、金融検査以外の平常時のモニタリングのため、メガバンクなど主要行向けの総合的な監督指針が公表されています。主要行のみならず、中小・地域金融機関（地方銀行、第二地方銀行、信用金庫、信用組合）など金融機関の特質に応じた各監督指針が発出されていますが、コンプライアンスに関する事項は、金融機関の健全性を支える基本として位置づけられており、ほぼ共通しています。各金融機関においては、監督指針に記載されているようなコンプライアンス態勢を整備する必要があります。

監督指針の公表

2　コンプライアンスの根拠

1 銀行法等の業法

銀行等の預金受入金融機関には、以下のように各業態に応じた基本法である業法が存在します。

業態ごとに「業法」が存在する

銀　　行	銀行法
信託銀行	銀行法・信託業法
信用金庫	信用金庫法
信用組合	中小企業等協同組合法 協同組合による金融事業に関する法律
労働金庫	労働金庫法
JA（農業協同組合）	農業協同組合法

いずれの法律にも政令や省令が付属しており、法令等遵守の詳細が政省令で定められています。

ひとくちメモ：政省令

政令は、法律に基づいて内閣が制定する命令（施行令）のことで、法律の施行にあたって必要な細則などが定められています。省令は、各省の大臣が発する行政上の命令（施行規則）のことで、法律・政令の委任事項（申請書の書式、申請手続等）が規定されています。政令と省令の両方をあわせて「政省令」といいます。

2 金融検査マニュアルと監督指針

金融庁は、金融検査マニュアルの発出に続いて、各業態向けの監督指針を公表しています。金融検査マニュアルと監督指針は、金融庁が金融機関を検査監督する際に利用される組織内規定といった性質を有するものであり、法令ではないので、本来規範性もないはずですが、金融機関にとっては法令と同様な効果を持つものとして受け入れられているのが実情です。したがって、金融機関の行職員にとっては法規範と同様にその趣旨を十分に理解しておく必要があります。

金融検査マニュアル・監督指針の性質とその内容

❶金融検査マニュアル（預金等受入金融機関に係る検査マニュアル）

金融検査マニュアルは、「経営管理（ガバナンス）態勢」、「金融円滑化編」、「リスク管理等編（法令等遵守態勢、顧客保護等管理態勢など）」のほか、別冊「中小企業融資編」などから構成されています。金融機関職員のコンプライアンスの観点からは、経営管理、法令等遵守および顧客保護等管理態勢が特に重要です。

❷監督指針（「主要行等向けの総合的な監督指針」または「中小・地域金融機関向けの総合的な監督指針」）

監督指針においても、業務の適切性（法令等遵守、利用者保護等）のほか、銀行監督にかかる事務処理上の留意点などにコンプライアンスに関する事項が記載されています。

3 その他の法律

その他金融機関の職員に関係する法律には次のようなものがあります。なお、本書ではカッコ内の略称で表記することがあります。

金融機関の職員に関係する法律

❶一般社会における個人（法人）間の私的な関係に関する法律（私法）

民　法：民事関係にかかる一般法であり、金融法務の原則を定めています。のみならず相続関係をも規律しています。平成27年の通

常国会では債権関係を中心に大幅な民法改正が予定されていましたが、成立が見送られました（平成27年10月現在、成立時期は未定）。

金融商品の販売等に関する法律（金融商品販売法）：金融商品に関する説明義務と説明義務違反の効果を定めた法律です。

消費者契約法：消費者保護を目的として、消費者と事業者との契約関係等について、民法の特則を定めた法律です。

会社法：会社法は、株式会社の規律を定めた法律です。銀行はもとより信用金庫等の協同組織金融機関においても、組織および役員等の重要部分については準用されています。

❷ 犯罪や刑罰を定めた法律

刑　法：殺人や強盗などの一般的な犯罪と刑罰を定めた法律です。

会社法：会社法の一部にも特別背任罪などの犯罪と刑罰を定めた規定があります。

> 特別背任罪☞ p.77

金融商品取引法：この法律の一部にもインサイダー取引等の犯罪と刑罰を定めた規定があります。

> インサイダー取引☞ p.104

出資の受入れ、預り金及び金利等の取締りに関する法律（出資法）：浮貸しおよび高金利を禁止しています。

預金等に係る不当契約の取締に関する法律（不当預金取締法）：いわゆる導入預金について刑罰をもって禁止しています。

> 浮貸し：金融機関の職員がその地位を利用し、自己または第三者の利益を図るため、金銭の貸し付け、金銭の貸借の媒介、債務保証を行うこと（⇒p.72）
>
> 導入預金：金融機関が、裏金利など「特別の金銭上の利益」を得る目的がある者から受け入れた預金等を担保にとることなく、特定の第三者に融資をすることを条件に預金等を受け入れること

❸ その他の法律

個人情報の保護に関する法律（個人情報保護法）：個人情報の定義を定め、取得、利用、第三者提供、開示等について、金融機関などの個人情報取扱事業者の義務を定めています。

金融商品取引法：投資性の強い金融商品を幅広く対象とする利用者保護について多様な定めをしています。

私的独占の禁止及び公正取引の確保に関する法律（独禁法）：市場における公正かつ自由な競争を促進することを目的とし、競争を制限する行為を禁止することによって競争的な市場構造を維持するための法律です。

不当景品類及び不当表示防止法（景表法）：不当景品類と不当表示を禁止し、市場における公正な競争を維持するとともに、消費者保護という目的を持つ法律です。従来は独禁法と同様に公正取引

第Ⅰ章　コンプライアンスの基本

委員会が所管していましたが、現在は消費者庁所管です。

労働基準法：使用者と労働者の基本的な関係を定める法律であり、差別的な扱いの禁止、労働契約に関する違約金または損害賠償予定の禁止、賃金、就業時間、休息その他就労条件に関する最低基準などが定められています。

労働契約法：労働者と使用者との間の労働契約について、基本的なルールを定める法律です。

雇用の分野における男女の均等な機会及び待遇の確保等に関する法律（男女雇用機会均等法）：職場における男女差別を是正し、妊娠や出産における女性労働者を保護するための法律です。

 ひとくちメモ：法律の構成

　法律の構成や条文の順番には、おおよその基準があり、条文を探すとき、これを知っていると便利です。

　法律は、大きく本則と附則に分かれ、本則にはその法律の本体的内容が、附則には本則に付随する事項が定められます。

　本則の冒頭には、法律の全体にかかわる基本的事項や法制度の前提となる事項を定める総則的規定が置かれます。法律の目的や趣旨を定める規定に始まり、定義規定、制度運用の基本原則を定める規定が続きます。総則的規定の次には、法制度の中核ともいえる実体的規定が置かれ、その後は雑則的規定、罰則規定と続きます。雑則的規定としては、技術的事項・手続的事項など、法制度全般に関しながらも基本的事項とまではいえない細かな事項が定められます。

　附則に定められる「本則に付随する事項」の代表例は、施行期日ですが、他にも、例えば、法律の制定・改廃による急変を緩和するための経過措置、必要な他の法律の改正といった事項があります。（参議院法制局ホームページより）

3　金融機関職員の基本的な義務

1 善管注意義務

　善管注意義務とは、民法644条に定める受任者の委任者に対する「**善良な管理者の注意義務**」のことで、業務を委任された人の職業や専門家としての能力、社会的地位などから考えて通常期待される注意義務のことで

（受任者の注意義務）
第644条　受任者は、委任の本旨に従い、善良な管理者の注意をもっ

す。銀行等の金融機関は、顧客との関係において、受任者としての地位に立つことがあり、この場合、金融機関職員が顧客に対して、善管注意義務を負うことになります。

たとえば、預金の払戻しに際して、印鑑照合を行う場合などに、善管注意義務が問題とされることになります。金融機関の職員が行う印鑑照合について、注意義務違反があるとすれば、金融機関は民法478条による免責を受けられず、二重払いを余儀なくされます。

善管注意義務の内容は、個々の業務内容や当該職員等の地位または職種によって異なるものの、通常、その職業、その属する社会的、経済的地位などにおいて一般的に要求される注意義務であると考えられています。

> て、委任事務を処理する義務を負う。
> **(債権の準占有者に対する弁済)**
> **第478条** 債権の準占有者に対してした弁済は、その弁済をした者が善意であり、かつ、過失がなかったときに限り、その効力を有する。

2 就業規則上の各種義務

❶就業規則

金融機関と職員との間の契約関係は、労働契約ですが、その契約内容の詳細を定めたものが就業規則です。就業規則は、労働基準法に準拠して作成されており、労使間の合意を経て定められます。金融機関で働く役職員は、就業規則上の義務を遵守する必要があります。

> 役職員は就業規則上の義務を遵守する必要がある

❷就業規則上の義務

就業規則には、従業員である職員が遵守すべき服務規定が定められています。服務規定には、次のような従業員の義務規定がされていることが多いようです。

① 法令、定款、諸規則等の遵守義務
② 顧客に接する際には懇切丁寧を旨とする義務
③ 従業員相互における人格尊重義務
④ 禁止行為
   従業員は、次のような行為をしてはならないと規定されています。
   ● 権限超過および権限濫用
   ● 自己または第三者の利益を図るため、金融機関職員としての地位を利用し、金銭の貸付、金銭貸借の媒介、債務保証を行うこと（浮貸し）
   ● 個人的な金銭取引、契約等に当金融機関の名称を用い、または職務上の立場を利用し、自己または他人の利益を図ること
   ● 取引先から金銭または物品の供与を受け、もしくは賄賂を受け取

> **定款**：会社の憲法にあたるもので、会社設立の際には必ず制定する必要がある

> **浮貸し** ☞ p.72

- 当金融機関または取引先の名誉を傷つける行為をすること
- 当金融機関もしくは取引先の機密情報、内情等または当金融機関もしくは取引先の個人情報を漏えいすること
- 投機またはこれに類する行為をすること
- 所属長の許可なく、執務時間中職務を離れ、または外出すること
- 当金融機関の許可なく他の職業に就き、会社の発起人となり、または自ら事業を営むこと
- 特定の取引先に対し、法令、関連諸規定に違反して便宜を与えること
- 業務に関し、不実の記載または書類の改竄（かいざん）を行うこと
- 職場の内外においてセクシュアル・ハラスメントまたはパワー・ハラスメントを行うこと
- 当金融機関の許可なく、または偽って許可を受け、当金融機関の管理する施設内で業務に関係しない活動または集会などを行うこと

3 セクシュアル・ハラスメントの防止

❶ セクシュアル・ハラスメントとは

　セクシュアル・ハラスメント（セクハラ）は、一般的に「**職場における相手方の意に反する性的な言動**」と定義されています。

　厚生労働大臣が男女雇用機会均等法11条2項に基づき定めた「事業主が職場における性的な言動に起因する問題に関して雇用管理上講ずべき措置についての指針」（平成18年11月11日厚生労働省告示615号）には、次のようなことがセクハラに該当するとされています。

- 性的な事実関係を尋ねること
- 性的な内容の情報（噂）を意図的に流布すること
- 性的な冗談やからかい、食事やデートへの執拗な誘い、個人的な性体験談を話すこと
- 性的な関係を強要すること
- 必要なく身体に触ること
- わいせつな図画を配布・提示すること
- 強制わいせつ行為、強姦

　セクハラの難しいところは、性的な言動に対する相手方の感じ方は人そ

（職場における性的な言動に起因する問題に関する雇用管理上の措置）
男女雇用機会均等法第11条　事業主は、職場において行われる性的な言動に対するその雇用する労働者の対応により当該労働者がその労働条件につき不利益を受け、又は当該性的な言動により当該労働者の就業環境が害されることのないよう、当該労働者からの相談に応じ、適切に対応するために必要な体制の整備その他の雇用管理

れぞれで異なり、客観的に同じ行為であっても、職場の環境、加害者と被害者の関係、性的言動等がなされた状況などによることです。最終的なセクハラ該当性については、事案ごと個別に検討しなければならないでしょう。ただし、男女の差異により生じている面があることを考慮すると、被害を受けた労働者が女性の場合には「平均的な女性労働者の感じ方」を基準とすることが適当でしょう。

なお、男女雇用機会均等法11条には「労働者」と規定されていますから、女性だけでなく男性に対するセクハラも規制対象となることに注意すべきです。

❷ 分類・具体例

セクハラにはその態様から、対価型と環境型があるとされています。**対価型**は、労働者の意に反する性的な言動に対する労働者の対応（拒否や抵抗）により、その労働者が解雇、降格、減給などの不利益を受けるものであり、**環境型**は、労働者の意に反する性的な言動により労働者の就業関係が不快なものとなったため、能力の発揮に重大な悪影響が生じるなどその労働者が就業するうえで見逃すことができない程度の支障が生じるものです。

対価型の具体例として、職場において行われる労働者の意に反する性的な言動に関する労働者の対応によって、その労働者が減給や解雇などの不利益処分を受けることなどがあげられます。また、環境型の具体例として、労働者の意に反する性的な言動により労働者が不快感を募らせ、能力の発揮に悪影響が生ずることなど労働者が就業するうえで見過ごせない支障が出ることです。

❸ 法的責任

セクハラ行為が刑法に違反するような場合（強姦罪や強制わいせつ罪）には、刑事罰に処せられることがあります。たとえば、強姦罪（刑法177条）の法定刑は3年以上の有期懲役、強制わいせつ罪（同法176条）は6月以上10年以下の懲役です。

セクハラ行為が刑法に抵触するケース、または抵触しないケースのいずれにおいても、民法709条の**不法行為**に該当しますから、損害賠償責任が発生します。そして、損害賠償責任は、加害者である職員のみならず、その使用者である金融機関にも発生することに注意すべきです。民法715条が**使用者責任**を認めているからです。

上必要な措置を講じなければならない。
② 厚生労働大臣は、前項の規定に基づき事業主が講ずべき措置に関して、その適切かつ有効な実施を図るために必要な指針（中略）を定めるものとする。

対価型と環境型

（不法行為による損害賠償）
民法第709条 故意又は過失によって他人の権利又は法律上保護される利益を侵害した者は、これによって生じた損害を賠償する責任を負う。
（使用者等の責任）
同法第715条 ある事業のために他人を使用する者は、被用者がその事業の執行について第三者に加えた損害を賠償する責任を負う。
（以下略）

第Ⅰ章　コンプライアンスの基本

4　パワー・ハラスメントの防止

❶パワー・ハラスメントとは

　平成24年1月30日、厚生労働省から「職場のいじめ・嫌がらせ問題に関する円卓会議ワーキング・グループ報告」（報告）が公表されました。この報告は、職場のパワー・ハラスメント（パワハラ）の予防方法と解決策を示したものです。現在、法令等にパワハラという定義規定等は存在しないものの、裁判例においては不法行為として認められていた行為を、遅ればせながら官庁が認識するにいたったものです。

　報告は、職場のパワハラを次のように定義しています。

　「職場のパワハラとは、同じ職場に働く者に対して、職務上の地位や人間関係などの**職場内の優位性**を背景に、業務の適正な範囲を超えて、**精神的・身体的苦痛**を与える又は**職場環境を悪化させる行為**をいう」

職場のパワハラ：職務上の地位など職場内の優位性を背景に、精神的・身体的苦痛を与える等の行為

❷行為類型

　報告は、職場のパワハラの行為類型として、次のものを列挙しています。もちろん、これらの行為に限定されるわけではなく、例示列挙であることに留意すべきです。

①　暴行・傷害（身体的な攻撃）
②　脅迫・名誉毀損・侮辱・ひどい暴言（精神的な攻撃）
③　隔離・仲間外し・無視（人間関係からの切り離し）
④　業務上明らかに不要なことや遂行不可能なことの強制、仕事の妨害（過大な要求）
⑤　業務上合理性なく、能力や経験とかけ離れた程度の低い仕事を命じることや仕事を与えないこと（過小な要求）
⑥　私的なことに過度に立ち入ること（個の侵害）

5　ソーシャルメディアに関する問題

　近年、ソーシャルメディアに対する投稿が問題となっています。飲食店等を舞台にアルバイト店員等が悪ふざけ行為をし、この現場を携帯電話等のカメラ機能を利用して写真に撮影したうえ、その写真をツイッター等のSNS（Social Networking Service）に投稿するという事案が相次ぎました。その結果、店舗内における不衛生な行為が明るみに出て、廃業を余儀なくされるような飲食店等が続出しています。

❶ 企業の被害

従業員によって不適切な行為が行われた場合には、必ず企業に被害が発生します。中小企業であれば最悪の場合、廃業を余儀なくされることもあります。廃業にならない場合でも、不適切な行為がされると必ず顧客が減少することから、売上減少ひいては収益の減少が現実化します。

加えて、従業員の行為を原因として顧客に被害が生じた場合には、当該企業が顧客に対する民事責任（損害賠償責任）を負担することになります。さらに、当該行為および結果から、当該企業が行政処分等による営業停止などの不利益処分を受ける可能性があります。

❷ 不適切な行為の法的効果

従業員の不適切な行為は、当然責任事由となります。そこで、企業等に対する民事責任のほか、刑事事件化によって追及される刑事責任および労働契約上の責任について検証します。

ⅰ）民事責任

不適切な行為に関する民事責任ですが、従業員の不適切な行為は、労働契約関係にある従業員としてはならないことですから、これは民法709条の不法行為に該当することになります。

したがって、かかる不適切な行為をした従業員には、当該不法行為によって、当企業が受けた損害を賠償する責任が発生します。この場合、損害の範囲は、当該企業が受けた実害（実際に支出した実費等）のみならず、当該行為がなければ得られていたであろう利益にも及びます。たとえば、当該行為によって10日間の休業を余儀なくされたとすれば、その間の純利益を損害として請求できます。

ⅱ）刑事責任

不適切な行為に関する刑事責任については、事案によって異なります。刑法等の刑事罰規定のいかなる構成要件が問題となるかによるからです。

たとえば、従業員の不適切な行為によって、企業の物品が毀損されたような事案では、刑法261条の器物損壊罪が適用される可能性が高いでしょう。たとえば、コンビニエンスストアの従業員がアイスクリームケースに寝そべったような事案では、当該行為により、その中のアイスクリームは顧客に売ることはできず廃棄しなければならないことから、「アイスクリームを損壊した」ことになります。

器物損壊罪以外にも、業務妨害罪（刑法233条・234条）が成立するこ

（器物損壊等）
刑法第261条 前三条に規定するもの（筆者注：文書等毀棄罪）のほか、他人の物を損壊し、又は傷害した者は、3年以下の懲役又は30万円以下の罰金若しくは科料に処する。

とが多いでしょう。業務妨害罪は、「虚偽の風説を流布し」、もしくは「偽計」または「威力」を用いて、他人の業務を妨害することですが、前述のような不適切な行為は、他人の業務を妨害するものだからです。

ⅲ）懲戒処分等

不適切な行為を起こした従業員は、当該企業から懲戒処分を受ける可能性が高いでしょう。就業規則には、懲戒事由と懲戒処分が定められており、不適切な行為は、一般的に懲戒事由に該当するでしょう。

また最近では、ある銀行の支店に来店した芸能人の情報がツイッター上に漏えいするという事件も起きています。報道によれば、支店に勤務する従業員が、芸能人が来店したとの情報を家族に伝え、家族がその内容をツイートしていたもので、芸能人の住所や免許証の顔写真のコピーを入手したとのツイートもあったとのことです。

私たちは、お客さまが私たちを信頼してお取引くださっていることを強く認識し、お預かりしている情報の漏えいや紛失等の防止に努めることで、お客さまとの確かな信頼関係を築いていく必要があります。

 ひとくちメモ：条文の構成

　法律の条文は、「条」と「項」からできています。「項」は、条文の段落のことです。六法全書などで算用数字が付されている部分がそれです。また「号」は、いくつかの事柄を列記するときに使われます。「号」の内容をさらに細かく列記したいときには「イ、ロ、ハ」を使い、なお細かくしたいときには「(1)、(2)、(3)」を使います。

（信用毀損及び業務妨害）
同法第233条　虚偽の風説を流布し、又は偽計を用いて、人の信用を毀損し、又はその業務を妨害した者は、3年以下の懲役又は50万円以下の罰金に処する。
（威力業務妨害）
同法第234条　威力を用いて人の業務を妨害した者も、前条の例による。

●まとめ●

1 コンプライアンスとは
- コンプライアンスは、英語で「従う」という意味で、法令やルールを守ることをいう。

2 コンプライアンスの根拠
- 銀行等の預金受入金融機関には、銀行法など各業態に応じた基本法である業法が存在する。
- 金融検査マニュアルと監督指針は、金融庁が金融機関を検査監督する際に利用される組織内規定といった性質を有する。

3 金融機関職員の基本的な義務
- 金融機関職員の基本的な義務としては、次のようなものがある。
  ①善管注意義務（善良な管理者の注意義務）…業務を委任された人の職業や専門家としての能力、社会的地位などから考えて通常期待される注意義務（民法644条）。
  ②就業規則上の各種義務…金融機関と職員との間の労働契約の内容の詳細を定めたものが就業規則で、金融機関で働く役職員は、就業規則上の義務を遵守する必要がある。
  ③セクシュアル・ハラスメントの防止…セクシュアル・ハラスメント（セクハラ）は、一般的に「職場における相手方の意に反する性的な言動」をいう。
  ④パワー・ハラスメントの防止…職場のパワハラとは、同じ職場に働く者に対して、職務上の地位や人間関係などの職場内の優位性を背景に、業務の適正な範囲を超えて、精神的・身体的苦痛を与える、または職場環境を悪化させる行為をいう。
  ⑤ソーシャルメディアによる情報の漏えいや紛失等の防止に努め、お客さまとの確かな信頼関係を築いていく必要がある。

 確認テスト

問題 次の文章を読んで、正しいものには○印を、誤っているものには×印を（　　）の中に記入しなさい。

（　　）1．金融検査マニュアルは、金融検査を実施する検査官のためのマニュアルであるが、各金融機関は、検査マニュアルに従った態勢を整備することが求められる。

（　　）2．金融商品取引法は、金融商品に関する説明義務と説明義務違反の効果を定めた法律である。

（　　）3．善管注意義務とは、業務を委任された人の職業や専門家としての能力、社会的地位などから考えて通常期待される注意義務のことである。

（　　）4．環境型のセクシュアル・ハラスメントとは、労働者の意に反する性的な言動に対する労働者の対応（拒否や抵抗）により、その労働者が解雇、降格、減給などの不利益を受けるものをいう。

（　　）5．職場のパワハラとは、同じ職場に働く者に対して、職務上の地位や人間関係などの職場内の優位性を背景に、業務の適正な範囲を超えて、精神的・身体的苦痛を与えたり職場環境を悪化させる行為をいう。

☞解答は125ページ参照

第 II 章

コンプライアンスの実践

●学習のねらい●

　この章では、より実践的な職務上のコンプライアンスについて、深く学んでいきます。金融機関で発生する職員の不祥事件対応、顧客情報管理の実践、マネー・ローンダリングをめぐる金融機関の義務、反社会的勢力との関係遮断、預金業務、融資業務、金融商品販売業務およびその他の業務におけるコンプライアンスの実践、さらに内部管理におけるコンプライアンスとして、インサイダー取引の禁止などを理解してください。

　これらの業務上のコンプライアンスに関する知識を身につけて、各自が金融機関の業務におけるコンプライアンスを実践されることを望みます。

第Ⅱ章　コンプライアンスの実践

1　不祥事件防止とコンプライアンス

1 銀行等における不祥事件

銀行等の金融機関で不祥事件が発生した場合には、その公共性から内閣総理大臣（金融庁）に届け出る必要があります。不祥事件については、銀行法施行規則がその内容を定めています。

すなわち、銀行法53条1項8号は、銀行が届出を行うべき事由として「その他内閣府令で定める場合に該当するとき」と定め、これをうけた銀行法施行規則35条7項には、次の具体的な届出事由が定められています。

> 第1号　銀行の業務または銀行代理業者の業務を遂行するに際しての詐欺、横領、背任その他の犯罪行為
> 第2号　出資の受入、預り金及び金利等の取締りに関する法律または預金等に係る不当契約の取締に関する法律に違反する行為
> 第3号　現金、手形、小切手または有価証券その他有価物の1件当たりの金額が100万円以上の紛失（盗難に遭うことおよび過不足を生じさせることを含む。）
> 第4号　海外で発生した前三号に掲げる行為またはこれに準ずるもので、発生地の監督当局に報告したもの
> 第5号　その他銀行の業務の健全かつ適切な運営に支障を来す行為またはそのおそれがある行為であって前各号の行為に準ずるもの

《銀行法施行規則で列挙されている不祥事件の内容》

上記各号のうち、第1号から第4号は、具体的な事由となっていますが、第5号については、漠然とした抽象的な事由であり、届出を要するか否か迷うところです。第1号と第2号が金融犯罪行為であり、第3号が現金等の紛失であって、第4号が海外で発生した不祥事件で海外当局に報告したものとされていること、および銀行業務の健全かつ適切な運営に支障を来す行為またはそのおそれがある行為とされているので、犯罪行為に準ずるような法令違反行為や重大な内部規程違反などが考えられます。

なお、金融機関は不祥事件が発生したことを知ったときから30日以内に届出を行う必要があります（同条8項）。さらに不祥事件が犯罪行為に該当する場合には、ただちに警察に通報し警察による捜査に委ねます。

2 不祥事件の未然防止策

❶内部管理態勢の確立

業務上横領罪などの不祥事件を未然に防止するためには、組織内における内部管理態勢を確立する必要があります。このような犯罪行為を実行する職員は、多重債務者であることが多く、借金返済のために顧客や金融機関の金銭を着服しますが、そのような犯罪行為がすぐに発覚する可能性が高いのであれば、実際に犯罪に手を染めないはずです。犯罪が発覚すれば、職を失い収入の道を絶たれるばかりでなく、最悪の場合、刑事事件の被告人とされるおそれがあるからです。

このように日常的なモニタリングや内部監査が現実に機能することが、不祥事件を予防する最も有効な手段となるのです。

> 日常的なモニタリングや内部監査の有効性

ⅰ）相互牽制機能の確立

不祥事件が発生したことによって、監督当局が銀行法等に基づいて発令する行政処分である業務改善命令には、必ず「相互牽制機能の確立」という言葉が記載されています。

相互牽制機能の確立とは、部店における個々の職員の業務内容について、必ず誰かが確認するなどして、不正行為や事務ミスなどを見逃さない態勢を構築することを意味します。一人の職員が特定業務について専任担当者となり、その職員だけですべてが完結し、上司などの他の職員が関与しなければ、不正行為や事務ミス等の事件や事故を未然に防止することができません。そこで、他の職員がチェックすることが必要になるのです。

ⅱ）報告態勢の整備

業務に関する報告は、言うまでもなく重要です。たとえば、渉外担当者が1日どのようなルートで、どのお客さまを訪問し、どのような営業活動を行ったかなどについて、なるべく正確に上司が把握すべきです。各担当者の業務の進捗状況を把握するということはもちろんですが、コンプライアンス上の観点からも、組織の全員が日常的に正確な報告をする風土が定着していれば、不正行為を予防できることがあるからです。

ⅲ）内部監査態勢の確立

不祥事件の未然防止には、内部監査態勢を充実させることが不可欠です。前記のとおり、不正行為がすぐに発覚すると思えば、罪を犯す余裕もなくなるからです。

第Ⅱ章　コンプライアンスの実践

内部監査を適切かつ十分に実施することによって、不祥事件を撲滅することができるのです。また、内部監査の充実は、不祥事件の早期発見にもつながります。

ⅳ）内部告発態勢の確立

不祥事件の未然防止や早期発見には、報告制度が有効です。多くの職員の目や耳により、不祥事件の芽を摘むことや早期発見が可能になるからです。

そのための制度として、内部告発制度があります。これをヘルプラインやホットラインと呼ぶ企業も多いようですが、要するに、職員の身の回りで起きた不正行為や、他の職員等から受けた不当な行為（ハラスメント等）をコンプライアンス統括部門や外部の法律事務所などに直接電話等をすることによって、多くの職員の声を金融機関が吸い上げ、不正行為や不当行為の防止に役立てる制度です。本来、本部等に通報することが困難な上司や同僚の不正行為やハラスメントなどを受け付ける専門の窓口を金融機関の内部や外部専門機関に設けるものです。このような制度が機能すれば、不祥事件の抑止のみならず、ハラスメントを受けている職員の保護につながります。加えて、金融機関が自ら不祥事件の早期発見が可能となりますから、その自浄作用を高めるとともに、風評リスクを回避することができるのです。

また、9❷で詳しく説明しますが、「公益通報者保護法」という法律があり、企業内部の不正行為等（企業自体の違法行為等を含む）を通報した者が、その企業から懲戒処分等の不利益を受けないために、企業による不利益処分を禁止しています。

公益通報者保護法 ☞
p.107

❷外部監査の活用

金融機関は、金融機関自身による内部的な管理のみならず、外部監査を利用することによって、不祥事件の未然防止や早期発見が可能となります。特に、弁護士や法律事務所に依頼して、法令遵守状況や係争事件など法的リスクの有無や潜在的なリスクについてコンプライアンス監査を受けることが有効です。

第三者である外部の法律事務所などが、客観的な観点から金融機関の不祥事件防止等の態勢整備状況を法務監査によって検証・評価することにより、態勢整備状況の達成度が判明し、不備な部分がわかることから、より高度な態勢を構築することができるのです。金融庁が金融検査マニュアルなどで展開するPDCAサイクルを実現するわけです。

外部監査の具体的な内容と方法は次のとおりです。
- 役員との面談
- コンプライアンス担当部門の業務内容等の確認
- コンプライアンス・マニュアルの確認
- コンプライアンス・プログラムの確認
- その他内部規程等の確認
- 部店監査によるオペレーション等の実態の検証
- その他コンプライアンス態勢の確認
- 過去の不祥事件等の確認およびその後の態勢検証

法律事務所等は、上記検証結果に基づいて、監査報告書を作成し、担当役員等に提出して報告します。外部監査により、金融機関はコンプライアンス達成度チェックすることができます。また金融機関は、監査報告書に基づいてコンプライアンス態勢の見直しを行います。

ひとくちメモ：PDCA

PDCAとは、Plan Do Check & Actionの略で、計画・実行・評価・改善を意味します。金融検査マニュアルは、金融機関の内部管理態勢の検証を重視し、具体的には「①方針の策定（Plan）、②規程・組織体制の整備（Do）、③評価（Check）、④改善（Action）をそれぞれ適切に行っているか、言い換えれば、いわゆるPDCAサイクルが有効に機能しているかという観点」から内部管理態勢の状況を検証するとしています。

3 不祥事件発覚時の対応等

❶迅速な報告

不祥事件が発覚した場合、部店等から迅速な報告が行われる必要があります。この報告は、一般的にコンプライアンス統括部門に行われることになっているでしょう。

> 部店等からコンプライアンス統括部門への迅速な報告

報告を受けたコンプライアンス統括部門は、担当役員に報告し、担当役員から代表者へ報告がされます。代表者と担当役員が適切な指示を出し、有事対応が開始します。

❷事実関係の調査

監査部門等が不祥事件の実態を解明するため、事実関係を調査します。事実関係調査は、当事者や上司・同僚等の周囲の者からの事情聴取、関係

> 監査部門等による調査

顧客等の部外者からの事情聴取、伝票等帳票類の実査、事案によっては本人の同意を得て、当事者の私物を格納するロッカー、自宅、自家用車の実査なども行います。家族からも事情を聴取する必要があります。

特に、重要な事実として、当事者の債務関係があります。不祥事件の当事者は、多重債務者であることが多いことから、どの程度の債務を負担し、どのように返済しているかを詳しく聴取する必要があります。

❸原因究明

不祥事件が発生した金融機関では、上記事実関係を確定し、不祥事件が起こった原因を究明する必要があります。再発防止策を策定するには、原因究明が不可欠だからです。

❹再発防止策

金融機関は、原因究明後、直ちにその原因を除去し、新たな不祥事件の芽を摘むような再発防止策を策定しなければなりません。連続して不祥事件が発生するようでは、大きな風評リスクに直面しますし、当局による行政処分につながるからです。

❺当局対応

不祥事件発覚時は、当局対応も重要です。金融機関は、担当役員が報告を得た時点で、直ちに当局に第一報を入れる必要があります。そして、その後新たな事実が判明するたびに逐次報告をすべきです。当局から銀行法等に規定された報告命令がなされた場合には、当然それに従い正式な報告を書面ですることになります。

❻公表・謝罪等

金融機関は、不祥事件が発覚し、当局に報告をした後、速やかにホームページ等にて公表措置をとる必要があります。そして、事実関係が確定し、原因を究明し、再発防止策を策定したときにも、これらを公表すべきです。

❼第三者委員会

事案によっては第三者委員会を設置し、第三者委員会による事実関係調査、原因究明、再発防止策の策定を考えるべきです。

> 外部委員で構成された第三者委員会による調査等

第三者委員会とは、企業や組織において、犯罪行為、法令違反や社会的非難を招くような不正・不適切な行為等が発生した場合およびその発生が疑われる場合において、事実関係を調査したうえで原因を分析し、具体的な再発防止策を提言することを目的として設置される、企業等から独立し

た中立公正な外部委員で構成される委員会のことをいいます（日本弁護士連合会「企業不祥事における第三者委員会ガイドライン」第1部）。

　不祥事を起こした企業等が、内部調査によって払拭されない疑問点を外部の第三者に調査等を委嘱することによって、外部の公正な視点から事実を解明し、多くの利害関係人に説明責任を果たす機能のほか、原因究明および再発防止策を提言するとの予防的な機能を発揮します。当然ですが、第三者委員会の機能は、金融機関や役員の責任回避にあるものではありません。

　第三者委員会に委員には、原則として弁護士がなりますが、粉飾決算等の会計関係や脱税等の税務問題が絡む場合には、公認会計士や税理士が委員になることもあります。

2　顧客情報管理とコンプライアンス

　古今東西、情報には高い価値がありますが、現代の企業にとって情報管理は、最重要課題であるといえます。高度に情報化した現代社会では、情報を取得することも容易ですが、情報が漏えいするリスクや悪用される機会が増大しているからです。

　金融機関職員が理解すべき顧客情報に関する問題としては、次のような事項があります。

❶**守秘義務**

　守秘義務とは、金融機関やその役職員が知り得た第三者に関する情報を正当な理由なく外部に漏らしてはならないという法的な義務です。後記のとおり、裁判例では、民法1条2項に規定する「**信義誠実の原則**」から導かれる法的な義務と考えられています。

❷**個人情報の管理**

　企業が取得・保有する個人情報については、平成17年4月に全面的に施行された個人情報保護法が適用されることになります。個人情報の取扱いにあたっては、この法律による規制を理解しておく必要があります。

❸**法人情報の管理**

　法人情報の管理については、個人情報保護法のような特別法はありませ

（基本原則）
民法第1条　私権は、公共の福祉に適合しなければならない。
2　権利の行使及び義務の履行は、信義に従い誠実に行わなければならない。
3　権利の濫用は、これを許さない。

んが、守秘義務が問題となるほか、上場会社の非公開の重要な情報に関して、金融商品取引法によるインサイダー取引規制が適用されることに注意すべきです。上場企業に関する重要な情報の取得自体を直接規制するものではありませんが、非公開の重要事実を知って、その会社の有価証券の取引を行うと刑罰を受ける可能性があります。インサイダー取引規制については、後で説明しますので、参照してください。

インサイダー取引規制
☞ p.104

❹各種照会への対応方法

企業には、その保有する顧客等の情報につき、官公庁などから多くの照会がされます。照会を受けた企業にとっては、顧客等に対する守秘義務と照会に回答する義務が衝突することになりますから、どのように対処すればよいかが問題となります。

ひとくちメモ：「公布」と「施行」

「公布」は、成立した法律を一般に周知させる目的で、国民が知ることのできる状態に置くことをいい、法律が現実に発効し、作用するためには、それが公布されることが必要です。法律の公布にあたっては、公布のための閣議決定を経たうえ、官報に掲載されることによって行われます。

なお、法律の効力が一般的、現実的に発動し、作用することになることを「施行(しこう)」といい、公布された法律がいつから施行されるかについては、通常、その法律の附則で定められています。（内閣法制局ホームページより抜粋）

1 金融機関等の守秘義務

前述したとおり、金融機関やその役職員は、顧客等との取引およびこれに関連して知り得た情報を正当な理由なく、他人に開示してはならないという義務（守秘義務）を負っています。

金融機関は、さまざまな取引等を通して多数の顧客等に関する情報を保有・蓄積しています。他方、高度情報化社会が達成された現代では、個人のプライバシー権が自己の情報をコントロールする権利であると考えられています。

もし、金融機関等が保有する顧客等の情報が漏えいすれば、信用を失墜することはもちろん、損害賠償などの経済的損失を受ける可能性が高く、多くのリスクを負担することになります。このような状況からすれば、金融機関にとって守秘義務を遵守することが最重要課題となっているのです。

なお、守秘義務の根拠は、諸説ありますが、契約関係にある顧客との間では、前述のとおり民法1条2項の「信義誠実の原則」が根拠になると考えられています。

❶義務違反の効果

金融機関が守秘義務に違反すると、債務不履行や不法行為に該当することになり、損害賠償や慰謝料を負担することになります。

❷守秘義務の例外

守秘義務には、例外があります。金融機関に「正当な理由」があれば、情報を開示しても守秘義務違反にならず、責任を問われることがないのです。この**正当な理由**とは、次のような事由です。

ⅰ）権利者の同意

守秘義務によって保護を受ける顧客等の権利者が同意すれば、守秘義務は排除されます。したがって、権利者の同意を得れば守秘義務違反にはなりません。この場合、同意の形式を問いませんが、紛争になった場合の立証負担を考えれば、書面等による同意を得て、証拠として残しておくべきでしょう。

ⅱ）権利行使

たとえば、金融機関が顧客を被告として裁判を行う場合、顧客の住所・氏名・資産状況などを証拠等として裁判所へ提出することになります。このような場合には、金融機関が必要な限度で守秘義務が排除されます。権利行使は、正当な行為ですから、守秘義務に優先するわけです。

ⅲ）各種照会への対応

金融機関は、警察などの**官公庁や弁護士会からの照会**を受けることがあります。これらの照会は、法律の根拠に基づいて行われることから、守秘義務が排除されることがあります。

> 守秘義務が免除される正当な理由

2 個人情報保護法による義務

金融機関は、多くの個人情報を保有しています。特に、銀行等の金融機関は、個人の経済的信用に関する情報を保有・蓄積しています。個人情報もその氏名や住所から信用状況、病歴、犯歴に至るまでさまざまな情報がありますが、インターネット等が発達した高度情報化社会において、個人情報が漏えいすると被害が拡大することになります。

そこで、平成15年に個人情報保護法が制定され、平成17年4月1日か

ら全面的に施行されています。また、重要な個人情報取扱事業者である金融機関を所管する金融庁によって「金融分野における個人情報に関するガイドライン」（金融庁GL）が制定され、公表されています。金融機関の保有する個人情報については、守秘義務の対象に含まれるのですが、守秘義務に関する特別法である個人情報保護法があるので、以下では、個人情報保護法の目的、定義、個人情報取扱事業者の義務について、法律と金融庁GLを中心に説明します。

❶ 目　的

個人情報保護法は、個人情報の利用が著しく拡大しているなかで、個人情報の適正な取扱いを通じて、個人の権利利益を保護することを目的としています（同法1条）。

❷ 定　義

個人情報保護法2条の定義規定によると、**個人情報**とは、「生存する個人に関する情報であって、当該情報に含まれる氏名、生年月日その他の記述等により特定の個人を識別することができることとなるもの」とされています。

〔個人情報とは〕

なお、**生存する個人の範囲**について、金融庁GLでは、「死者に関する情報」は、同時に遺族等の生存する個人に関する情報となることがあるとされています。たしかに、たとえば、被相続人の権利は、相続によって各相続人に分割されることになりますから、当該権利に関する情報が相続人の個人情報となりうるのです。

次に、**個人データ**とは、「個人情報データベース等を構成する個人情報」です。この個人データという概念は、後で説明する個人情報取扱事業者の義務の対象となるので重要です。そして、**個人データベース等**とは、「個人情報を含む情報の集合体であって、特定の個人情報をコンピュータ等を用いて検索できるように体系的に構成したもの」とされていますから、**個人データ**とは、事業者が検索可能な個人情報といえるでしょう。

〔個人データとは〕

次に、**個人情報取扱事業者**とは、「個人情報データベース等を事業の用に供している者」とされており、多くの事業者はこれに該当するでしょう。ただし、個人情報保護法2条3項5号には、「その取り扱う個人情報の量及び利用方法からみて個人の権利利益を害するおそれが少ないものとして政令で定める者」が除外されており、同法施行令によれば、その事業者の保有する個人情報データベース等を構成する個人情報によって識別さ

〔個人情報取扱事業者とは〕

れる特定個人の数の合計が過去6か月以内のいずれの日においても5,000を超えない者が個人情報取扱事業者から除外されています。

3 個人情報取扱事業者の義務

多くの金融機関が個人情報取扱事業者（事業者）に該当すると思われますが、個人情報保護法は、事業者に対して以下の義務を課しています。

❶利用目的による制限

事業者は、個人情報を取り扱う場合、その**利用目的**を可能な限り特定しなければなりません（個人情報保護法15条1項）。また、利用目的の変更も変更前の利用目的と相当程度の関連性を有すると合理的に認められる範囲にとどめることが求められています（同条2項）。さらに、原則として、**本人の同意**なく特定された利用目的の達成に必要な範囲を超えて個人情報を利用することが禁止されています（同法16条）。

利用目的の特定につき、金融庁GLは、与信事業について特別な規制をしています。すなわち、「与信事業に際して、個人情報を取得する場合においては、利用目的について本人の同意を得ることとし、契約書等における利用目的は他の契約条項等と明確に分離して記載することとする。この場合、事業者は取引上の優越的な地位を不当に利用し、与信の条件として、与信事業において取得した個人情報を与信業務以外の金融商品のダイレクトメールの発送に同意させる等の行為を行うべきでなく、本人は当該ダイレクトメールの発送に係る利用目的を拒否することができる」と定めているのです（GL3条3項）。つまり、ここでは利用目的に関する顧客の同意が与信の要件となっているのです。

さらに金融庁GLでは、事業者が「与信事業に際して、個人情報を個人信用機関に提供する場合には、その旨を利用目的に明示しなければならない。さらに、明示した利用目的について本人の同意を得ることとする」と定めています（GL3条4項）。したがって、金融機関が与信業務に際して、個人情報を取得するには、優越的地位の濫用による押し付けを回避し、細かく特定した利用目的につき、強制にわたらない顧客の同意を得る必要があり、特に個人信用情報機関に情報を提供するのであれば、慎重な対応が必要となります。

❷個人情報の適正な取得

事業者は、個人情報を不正な手段によって取得することが禁止されてい

利用目的の特定と変更の範囲

ます（同法17条）。ここに「**不正な手段**」とは、利用目的等を偽るような詐欺的な手段や情報窃盗などが典型的ですが、刑法に違反しなくとも、何らかの法律に違反すれば足りるでしょう。

❸利用目的の公表等

事業者が個人情報を取得するに際しては、速やかにその利用目的を本人に通知または公表することが義務付けられています（同法18条1項）。

また、契約書などを通して本人から直接書面で情報を取得する場合には、あらかじめ本人に利用目的を明示することが義務付けられています（同条2項）。

❹正確性の確保

事業者は、利用目的の達成に必要な範囲内において、個人データを正確かつ最新の内容に保つように努めることが求められています（同法19条）。

❺安全管理措置

事業者は、個人データの漏洩、滅失または毀損の防止、安全管理のための必要かつ適切な措置を講じなければなりません（同法20条）。

金融庁GL10条には、安全管理措置に関する詳細な規定があります。すなわち、事業者が講ずべき安全管理措置とは、「組織的安全管理措置」、「人的安全管理措置」、「技術的安全管理措置」であるとされています。

① **組織的安全管理措置**…安全管理措置について従業者の責任と権限を明確に定め、安善管理に対する規程や手順書を整備・運用し、その実施状況を確認することです。

② **人的安全管理措置**…従業者に対する業務上秘密と指定された個人データの非開示契約の締結や教育・訓練を行うことです。

③ **技術的安全管理措置**…個人データおよびそれを取り扱う情報システムへのアクセス制御、不正ソフトウェア対策、情報システムの監視等、個人データに対する技術的な安全管理措置を講ずることが求められています。

❻第三者提供の制限と例外規定

個人情報保護法は、本人の同意なく個人データを第三者へ提供することを禁止しています（同法23条1項）。ただし、これには次の4つの例外規定があります。

ⅰ）**法定除外事由（同法23条1項）**

① 法令に基づく場合（令状による強制捜査など）

> 個人データの第三者提供の除外事由

② 人の生命、身体または財産の保護のため必要がある場合であって、本人の同意を得ることが困難であるとき（債権回収のため裁判所に訴訟を提起する場合など）

③ 公衆衛生の向上または児童の健全な育成の推進のために特に必要がある場合であって、本人の同意を得ることが困難であるとき（幼児虐待をしている隣家の両親につき児童相談所へ通告する場合など）

④ 国の機関もしくは地方公共団体またはその委託を受けた者が法令の定める事務を遂行することに対して協力する必要がある場合であって、本人の同意を得ることにより当該事務の遂行に支障を及ぼすおそれがあるとき（税務当局が適正な課税実現のため、個々の質問調査権の規定によらないで行う任意調査に応ずる場合など）

ⅱ）オプトアウト

次に、いわゆる「オプトアウト」があります。すなわち、本人の事前同意がない場合でも、①第三者提供を利用目的とすること、②提供される個人データの項目、③提供の手段または方法、④本人の求めにより第三者提供を停止することの4項目をあらかじめ本人に通知し、または本人が容易に知り得る状態に置いているときは、第三者提供をすることができるのです（同条2項）。

> **オプトアウト**：本人の同意を得ずに個人データを第三者に提供することが可能となる仕組み

ⅲ）第三者に該当しない場合

以下の場合は第三者提供に該当しないので、本人の同意なく個人データを提供することができます（同条4項）。

① 事業者が利用目的達成に必要な範囲内において個人データの取扱いを委託する場合

② 合併その他の事由による事業承継に伴って個人データが提供される場合

③ 個人データを特定の者との間で共同利用する場合において、共同利用する個人データの項目、共同利用者の範囲、利用目的と個人データの管理責任者の氏名または名称をあらかじめ本人に通知し、または本人が容易に知り得る状態に置いているとき

上記①については、たとえば、カード会社が個人取引先に対する利用明細通知を外部委託して郵送する場合などがあります。また、③については、グループ企業間で行う顧客情報の交換があります。

❼ 保有個人データに関する事項の公表

事業者は、保有個人データに関する以下の事項について、本人の知り得る状態（本人の求めに応じて遅滞なく回答することを含む）に置かなければなりません（同法24条）。

① 事業者の氏名または名称
② すべての保有個人データの利用目的
③ 開示に関連する事項（開示手数料等を含む）
④ その他政令で定める事項（苦情の申出先等）

❽ 開示、訂正、利用停止等

事業者は、本人の求めに応じて保有する個人データを開示しなければなりません。ただし、①本人または第三者の権利利益を害するおそれがある場合、②事業者の業務の適正な実施に著しい支障を及ぼすおそれのある場合、③他の法令に違反する場合にはこの限りではありません（同法25条1項）。

また、事業者は、開示しない場合においては、その旨を遅滞なく本人へ通知しなければなりません（同条2項）。

事業者は、開示について手数料を徴求できますが、手数料の設定は実費を勘案して合理的になされる必要があります（同法30条）。

さらに、事業者は、個人データ内容が事実と異なる場合には、本人の求めに応じて訂正しなければなりません（同法26条1項）。なお、事業者が利用目的制限に反して個人データを扱っている場合など違法に個人データを収集、管理、使用していれば、本人からの求めに応じて利用停止、消去などの措置を行わなければなりません（同法27条1項）。

❿ 苦情処理

事業者は、個人情報の取扱いに関する苦情の適切かつ迅速な処理に努めなければなりません。また、苦情処理窓口の設置など苦情処理体制を整備しなければなりません（同法31条）。

4　顧客情報漏えい時の対応

顧客情報、特に個人顧客の情報が漏えいした場合、金融機関はどのような姿勢で臨むべきかが問題となります。とりわけ、大量の個人情報が職員の不正行為によって漏えいしたような事案は、不祥事件にも該当する危機的な事態となります。金融機関による個人情報の漏えいについては、マス

> 風評リスク等を最小限にとどめるための対応

コミ等世間一般も金融庁も厳格に臨むことになるので、風評リスクを最小限にとどめるための注意が必要となります。

❶初期対応

顧客情報の漏えい事案では、不祥事件対応と同様に初期対応を間違えないように実施すべきです。顧客情報が発生した現場から、正確な情報がコンプライアンス統括部門等の担当部署に直ちに行われるべきです。

そして、担当部署から担当役員への報告および代表者への報告がなされ、代表者や担当役員による適切な指示が必要となります。

❷当局への報告

当局への報告についても、不祥事件と同様に、担当役員または代表者への報告後、直ちに行われるべきです（GL22条1項）にも明示されています。その後の報告も随時なされるべきです。

❸顧客への通知

情報が漏えいした可能性のある顧客に対し、速やかに通知されるべきです（同条3項）。留意すべきは、被害者である顧客に対し、懇切丁寧な説明をするとともに、誠意を示して謝罪をすべきことです。

❹公　表

金融機関は、事案によって、顧客情報の漏えい事案につき、公表も想定しなければなりません。金融庁GL22条2項によれば、被害の拡大や再発を防止するために必要なケースでは、公表が必要とされています。

❺事実関係調査、原因究明および再発防止策の策定と公表

金融機関は、上記各項目と並行して、事実関係を調査し事案の詳細を確定のうえ、原因を究明し、再発防止策を策定すべきです。そして、公表した事案においては、これらも公表すべきです。

5 個人情報保護法の改正

平成27年9月3日、「個人情報の保護に関する法律及び行政手続における特定の個人を識別するための番号の利用等に関する法律の一部を改正する法律」（法律第65号）が可決成立、公布日（同年9月9日）から2年以内に施行されることになっています（以下、改正後の個人情報保護法を「改正法」という）。

今回成立した法律は、個人情報保護法のみならず、行政手続における特定の個人を識別するための番号の利用等に関する法律（マイナンバー法）

の改正を含むため、複雑な構造となっています。すなわち、その第1条において、マイナンバー法に規定されている**特定個人情報保護委員会**を、個人情報保護法上の第三者機関とするため、マイナンバー法から特定個人情報保護委員会を移管し、**個人情報保護委員会**に改組しています（改正法59条～74条。これらの規定は平成28年1月1日に施行されます）。次に、第2条において個人情報保護法の改正を規定しています。

> 特定個人情報保護委員会：個人番号等の適正な取扱いを確保するために必要な措置を講ずることを任務とする内閣府外局の第三者機関

❶個人情報の定義

個人情報の定義に、個人識別符号が含まれるものが追加されています（改正法2条1項2号）。**個人識別符号**とは、次のいずれかに該当する文字、番号、記号その他の符号のうち、政令で定めるものです（同条2項）。

① 特定の個人の身体の一部の特徴を電子計算機の用に供するために変換した符号であって、当該個人を識別することができるもの（例：指紋データや顔認識データ）

② 個人に提供される役務の利用もしくは個人に販売される商品の購入に関し割り当てられ、または個人に発行されるカードその他の書類等に付される符号であって、その利用者もしくは購入者または発行を受ける者を識別することができるもの（例：携帯電話番号、旅券番号、運転免許証番号）

❷要配慮個人情報

いわゆるセンシティブ（機微）情報につき、定義規定が置かれることになりました。すなわち、**要配慮個人情報**とは、「本人の人種、信条、社会的身分、病歴、犯罪の経歴、犯罪により害を被った事実その他本人に対する不当な差別、偏見その他の不利益が生じないようにその取扱いに特に配慮を要するものとして政令で定める記述等が含まれる個人情報をいう」とされています（改正法2条3項）。要配慮個人情報については、本人の同意を得ない取得を原則として禁止する（同法17条2項）とともに、同意を得ない第三者提供の特例の対象から除外されます（同法23条2項）。現在、法令によって規定されていない機微情報の規律が明確となるほか、金融庁ガイドラインより柔軟な方法（本人同意）による取得が可能となります。

❸匿名加工情報

匿名加工情報の提供の規制緩和が、今回の改正のハイライトです。**匿名加工情報**とは、個人情報の区分（改正法2条1項1号・2号）に応じて、

特定の個人を識別できないようにしたものです。具体的には、現行法上の個人情報の記述等の一部を削除すること、個人識別符号の全部を削除することによって、匿名化が図られた情報です（同条9項）。

匿名加工情報については、第三者提供に本人の同意を不要とする代わりに、個人情報保護委員会規則で定めるところにより、あらかじめ第三者に提供される匿名加工情報に含まれる個人に関する情報の項目およびその提供の方法について公表するとともに、当該第三者に対して、提供にかかる情報が匿名加工情報であることを明示しなければなりません（同法36条4項、37条）。

その他、匿名加工情報の取扱いにつき、本人を識別するために他の情報と照合してはならない（同法36条5項、38条）ほか、安全管理措置を講じる義務（これを公表する努力義務を含む）が規定されています（同法36条6項、39条）。

❹オプトアウト規定の見直し

個人情報保護法23条2項に定めるオプトアウト規定につき、個人情報保護委員会の関与を求める改正です。すなわち、オプトアウトを利用する事業者は、個人情報保護委員会規則で定めるところにより、

① 第三者への提供を利用目的とすること
② 第三者へ提供される個人データの項目
③ 第三者への提供の方法
④ 本人の求めに応じて当該本人が識別される個人データの第三者への提供を停止すること
⑤ 本人の求めを受け付ける方法

の5項目につき、あらかじめ本人に通知し、または本人が容易に知り得る状態に置くととともに、個人情報保護委員会に届け出なければならず、個人情報保護委員会は、その内容を公表しなければなりません（改正法23条3項・4項）。

❺開示等請求権の明確化

本人は、個人情報取扱事業者に対して個人情報の開示、訂正等および利用停止等の請求を行う権利を有することが規定されました（改正法28条1項、29条1項、30条1項）。この権利は、私法上の権利ですから、本人が原告となり、個人情報取扱事業者を被告として裁判所に対する訴えの提起が可能となります。ただし、濫訴防止の観点から、本人は訴え提起の前

に個人情報取扱事業者に対し、開示等の請求しなければならないこととされています（同法34条1項）。

❻小規模事業者への適用除外の削除

現行法では、個人情報取扱事業者の定義に小規模事業者の特例（2条3項5号）が定められており、過去6月以内のいずれにおいても5千以下の特定の個人を識別する情報を保有しているに過ぎない事業者を適用除外としています（同法施行令2条）が、この規定が削除されました。したがって、個人情報取扱事業者が激増することになります。

❼外国にある第三者への個人データの提供の制限

個人情報取扱事業者が個人データを外国にある第三者に提供する場合には、次のいずれかに該当する場合のほか、あらかじめ外国にある第三者への提供を認める旨の本人同意を得なければなりません。ただし、個人情報保護法23条1項による第三者提供に関する本人同意がある場合は除かれます（改正法24条）。

① 我が国と同等の水準にあると認められる個人情報保護の制度を有している国として個人情報保護委員会が定める国にある第三者に提供すること。

② 当該第三者が本法の規定により個人情報取扱事業者が講じなければならないとされている措置を継続的に講じるために必要なものとして個人情報保護委員会で定める基準に適合する体制を整備していること。

❽刑事罰の拡充

個人情報データベース等を取り扱う事務に従事する者または従事していた者が、その業務に関して取り扱った個人情報データベース等を不正な利益を得る目的で提供し、または盗用する行為が処罰対象となり、1年以下の懲役または50万円以下の罰金に処せられることになります（改正法83条）。最近の個人情報の漏えい事案等の不正利用に対処した刑事罰の拡充です。

 ひとくちメモ：刑罰の種類

　　刑罰の種類は刑法9条に定められており、死刑、懲役、禁錮、罰金、拘留、科料の6種類があります。

　　「死刑」は凶悪犯罪に対して適用されます。「懲役」と「禁錮」の違いは、身柄

拘束中、懲役には所定の作業が科せられるのに対して、禁錮にはこれが科せられません。懲役には無期・有期があり、有期懲役と禁錮の期間は1月以上20年以下とされています。

これに対して「拘留」は、刑事施設に身柄を拘置する刑で、1日以上30日未満の期間内で科せられますが、刑務作業はしなくてもよいというものです。

法律でいう「罰金」とは1万円以上をいいますが、1万円未満に引き下げることもできます。また、「科料」は千円以上1万円未満の金額のものを言います。

なお、禁錮以上の刑に処せられたことのない者が、3年以下の懲役、禁錮または50万円以下の罰金の言い渡しを受けた場合、情状により裁判確定の日から1年以上5年以下の期間内その執行が猶予されることがあり、これを「執行猶予」といい、猶予期間が満了すればその刑を受けることがなくなります。

3 マネー・ローンダリングの防止とコンプライアンス

1 マネー・ローンダリングの意義

マネー・ローダリングとは、「資金洗浄」と邦訳されますが、平成19年度版警察白書によれば、「マネー・ローンダリング行為とは、一般に犯罪によって得た収益を、その出所や真の所有者が分からないようにして、捜査機関による収益の発見・犯罪の検挙を逃れようとする行為をいう」とされています。たとえば、麻薬譲渡人が取得した譲渡代金をあたかも正当な商品を譲渡した代金であるかのように装うため架空の売買契約書を作成する行為などがその典型とされています。

なお、わが国でマネー・ローンダリング防止を担当している官庁は、警察庁刑事局組織犯罪対策部犯罪収益移転防止管理官（JAFIC）です。

> マネー・ローダリングとは

2 マネー・ローンダリング対策の変遷

1980年代に入り、マネー・ローンダリング対策に国際的な動きが出てきます。すなわち、1988年に採択された「麻薬及び向精神薬の不正取引の防止に関する国際連合条約」には、薬物犯罪収益にかかるマネー・ローンダリング行為を犯罪として取り締まることが各国に義務付けられたのです。日本もこの条約を批准したため、1991年に「国際的な協力の下に規制薬物に係る不正行為を助長する行為等の防止を図るための麻薬及び向精

> 取引時確認と疑わしい取引の報告等が求められるようになった理由

神薬取締法等の特例等に関する法律」(麻薬特例法)を制定しています。

　また、1989年に開催されたアルシュサミットにおける討議をきっかけに、マネー・ローンダリング対策を専門的に行う国際機関が設立されました。この機関の名称は、「Financial Action Task Force」(FATF)といいます。参加国は、日本のほか、米国、英国、ドイツ、フランス、イタリア、カナダなど世界の主要国が加盟しています。FATFの活動は、マネー・ローンダリング対策として「40の勧告」を策定し、各国へ提言しています。「40の勧告」では、マネー・ローンダリング対策として、金融機関等に対して**顧客の取引時確認**および**疑わしい取引の報告**等を義務付けることを提言しています。この勧告に基づいて、取引時確認や疑わしい取引の届出が行われているのです。

　マネー・ローンダリング対策の転機は、前提となる資金を得る犯罪が薬物犯罪から拡大されたことです。犯罪組織は、薬物犯罪だけで収益をあげているわけではありません。あらゆる違法行為を行うことによって収益の増加を図っています。

　そこで、1995年に開催されたハリファックスサミットにおいて、マネー・ローンダリング対策の拡大化に向けた声明が発せられました。翌年になるとFATFから「40の勧告」が改定され、薬物犯罪以外の重大犯罪に拡大されることが明確になりました。わが国では、平成11(1999)年に「組織的な犯罪の処罰及び犯罪収益の規制等に関する法律」(組織的犯罪処罰法)として結実しました。この法律により、薬物犯罪以外の重大犯罪にもマネー・ローンダリング対策が導入され、金融機関には疑わしい取引の届出義務が課せられるようになったのです。

3 米国同時多発テロとわが国の法令等の整備

　2001年9月11日、米国で同時多発テロが発生したことにより、マネー・ローンダリング対策には、さらなる転機が訪れます。この事件は多額の資金を必要とする大がかりなものでした。米国の捜査機関の捜査結果によって、マネー・ローンダリングに類似した方法でテロリストに資金が提供されていたことが判明しました。

　この事件を端緒としてテロ資金対策が国際的に最重要課題となりました。わが国も同年10月30日に「テロリズムに対する資金提供の防止に関する国際条約」に署名し、関係諸法の整備を行うこととなりましたが、当

本人確認法の制定

時は本人確認を統一的に規定した法律がなかったので、平成14（2002）年4月26日「金融機関による本人確認等に関する法律」（本人確認法）が制定公布されました。この法律は、金融機関が顧客の本人確認を行い、取引記録の保存等の顧客管理体制を十分に行うことにより、テロ資金提供の防止やマネー・ローンダリングを防止することを目的としています。

4 犯罪収益移転防止法の制定

平成19（2007）年には、本人確認等のさらなる拡大を目的に、本人確認法と組織的犯罪処罰法の疑わしい取引の届出義務が「犯罪収益の移転防止に関する法律」（犯収法）に全面的に改組され、翌20年3月1日から施行されています。この法律では、本人確認義務および疑わしい取引の届出義務の拡大が図られ、金融機関だけでなく、ファイナンスリース事業者、クレジットカード事業者、宅地建物取引業者、貴金属等取引事業者、弁護士、司法書士、公認会計士、税理士等にも義務が課せられています。

> 本人確認義務・疑わしい取引の届出義務の拡大

さらに、後で述べるとおり平成26年11月に再度の改正が行われています。

5 犯罪収益移転防止法上の義務

金融機関は、犯収法によって**特定事業者**とされており、次のような義務を負担しています。すなわち、特定事業者である金融機関は、犯収法上、「取引時確認義務」、「確認記録の作成・保存義務」、「取引記録等の作成・保存義務」、「疑わしい取引の届出義務」、「外国為替取引にかかる通知義務」を負っているのです。以下これらの義務を説明します。

❶取引時確認義務

取引時確認が必要となる取引（**特定取引**）の概要をまとめると、次のとおりです。

- 口座開設、貸金庫、保護預りなどの取引開始時
- 10万円を超える現金振込（電気、ガスなど公共料金の収納を含む）や、持参人払式小切手による現金の受け取り
- 200万円を超える現金、持参人払式小切手の受払い
- 融資取引　など

特定事業者である金融機関は、顧客の本人特定事項および取引を行う目的等を確認しなければなりません（同法4条1項）。

第Ⅱ章　コンプライアンスの実践

取引時確認事項

自然人（個人）の場合	法人の場合
●本人特定事項（氏名・住居・生年月日）	●本人特定事項（名称・本店または主たる事務所の所在地）
●取引を行う目的	
●職　業	●事業内容
	●法人の事業経営を実質的に支配することが可能となる関係にある者がある場合には、その者の本人特定事項

　特定事業者は、顧客との間で以下の①から③のいずれかに該当する取引を行うに際しては、上記の事項を確認するとともに、当該取引が200万円を超える財産の移転を伴う場合には、**顧客の資産および収入の状況**を確認しなければなりません（同条2項）。

①　相手方が関連する他の取引の際に行われた確認（以下「関連取引時確認」という）につき、顧客になりすましている疑いがある取引

②　関連取引時確認が行われた際に、当該関連取引時確認事項を偽っている疑いがある取引

③　犯罪による収益移転防止に関する制度の整備が十分に行われていないと認められる国または地域に居住する顧客等との取引

　なお、①または②による本人特定事項の確認は、関連取引時確認を行った際に採った方法とは異なる方法により行い、資産および収入の状況の確認は、疑わしい取引の届出を行うべき場合に該当するか否かの判断に必要な限度で行うとされています（同条2項）。

❷**確認記録の作成・保存義務**

　特定事業者は、取引時確認を行った場合には、直ちに当該取引時確認にかかる事項、当該取引時確認のためにとった措置等に関する記録（確認記録）を作成しなければなりません（同法6条1項）。

　また、特定取引にかかる契約が終了した日等から7年間、確認記録を保存しなければなりません（同条2項）。

❸**取引記録等の作成・保存義務**

　特定事業者は、特定取引を行った場合には、少額の取引等を除き、直ちに、文書または電磁的記録等による方法により、顧客等の確認記録を検索するための事項、当該取引の期日および内容その他の事項に関する記録

顧客の資産および収入の状況の確認

（取引記録）を作成しなければなりません（同法7条1項）。

また、当該取引が行われた日から7年間、取引記録を保存しなければなりません（同条2項）。

❹疑わしい取引の届出義務

特定事業者は、銀行法等によって定められた業務（特定業務）において収受した財産が犯罪による収益である疑いがあり、または顧客等が特定業務に関し組織的犯罪処罰法10条（犯罪収益等隠匿）の罪もしくは麻薬特例法6条（薬物犯罪収益等隠匿）の罪に当たる行為を行っている疑いがあると認められる場合においては、速やかに、文書その他の方法により、行政庁（金融庁監督局総務課）に届けなければなりません（犯収法8条）。

疑わしい取引の届出義務は、マネー・ローンダリング防止のために行われる特定事業者の取引時確認と並ぶ大きな義務です。

❺外国為替取引にかかる通知義務

特定事業者である金融機関には、外国為替取引にかかる通知義務が課されています（犯収法9条）。この義務は、マネー・ローンダリングが全世界的規模で行われていることから、国境を越えた資金移動を予防するための措置です。金融機関の具体的な義務は次のとおりです。

① 金融機関が顧客と国内から外国へ向けた支払にかかる為替取引を行う場合において、その支払を他の金融機関または外国所在の為替取引業者に委託するときは、顧客に関する事項（自然人の場合には、その氏名、住居、口座番号等、法人の場合には、名称、本店等所在地等、口座番号等）を委託先に通知して行わなければなりません（同条1項・施行規則24条1項）。

② 金融機関が他の金融機関から前記①または②による通知を受けて、本邦から外国へ向けた支払の委託または再委託を受けた場合において、その支払を他の金融機関または外国所在の為替取引業者に再委託するときは、上記①と同様に顧客に関する事項を通知して行わなければなりません（犯収法9条2項）。

③ 金融機関が外国所在の為替取引業者から、本条の規定に相当する外国の法令の規定による通知を受けて、外国から国内へ向けた支払または外国から他の外国へ向けた支払の委託または再委託を受けた場合において、その支払を他の金融機関または外国所在の為替取引業者に再委託するときは、当該通知にかかる事項（自然人の場合には、その氏

名、住居、口座番号等、法人の場合には、名称、本店等所在地等、口座番号等）を通知しなければなりません（同条3項・施行規則24条2項）。

④　金融機関が他の金融機関から前記③またはこの規定による通知を受けて、外国から国内へ向けた支払の委託または再委託を受けた場合において、その支払を他の金融機関等の特定事業者に再委託するときは、当該通知にかかる事項を通知して行わなければなりません（犯収法9条4項・施行規則24条2項）。

6 犯罪収益移転防止法の改正

　平成26年11月27日、「犯罪による収益の移転防止に関する法律の一部を改正する法律」（法律第117号　以下「改正法」という）が公布されました（施行日は平成28年10月1日）。その主なポイントは次のとおりです。

❶疑わしい取引の届出に関する判断方法の明確化

　疑わしい取引の届出の判断方法について、取引の態様その他の事情および犯罪収益移転危険度調査書の内容などを勘案して、取引に疑わしい点があるかどうかを判断することとされました（改正法8条2項）。**犯罪収益移転危険度調査書**とは、国家公安委員会が、毎年、犯罪による収益の移転にかかわる手口その他の犯罪による収益の移転の状況に関する分析を行い、犯罪収益移転の危険性の程度等を公表するものです（同法3条3項）。

❷コルレス契約における確認義務

　コルレス契約とは、外国為替における為替業務等の代行契約のことです。日本の銀行が外国銀行と代行契約を締結することになりますが、マネー・ローンダリング等防止の観点から相手方金融機関が適切な対策を実施しているか否かを確認すべきとされています（改正法10条。改正前は9条）。

❸事業者が行う体制整備等の努力義務の拡充

　現行法に規定されている事業者の努力義務（使用人に対する教育訓練の実施）に加えて、改正法では、以下の努力義務が規定されています（同法11条）。

　①　取引時確認等の措置の実施に関する規程の作成

　②　取引時確認等の措置の的確な実施のために必要な監査その他の業務

を統括管理する者の選任
③ その他、犯罪収益移転危険度調査書の内容を勘案して講ずべきものとして主務省令で定める措置

❹ 政省令による改正事項

改正法自体による金融機関の義務等は前記のとおりですが、法改正に伴い、施行令と施行規則が改正され、金融機関には、新たに次のような義務が課されています。

ⅰ）取引時確認が必要な取引の追加

現金による入出金や振込について、同一の顧客等との間で連続して2つ以上の取引を行う場合には、これらの取引が1回当たりの取引金額を減少させるために取引を分割したものであることが一見して明らかであるときは、これらの取引を1つの取引とみなして取引時確認を行うこととされました（施行令7条3項）。

ⅱ）取引時確認における改正事項

① 写真なし証明書の取扱い

本人特定事項の確認に写真なし証明書を利用する場合には、補完的な確認措置を実施すべきとしています。すなわち、運転免許証や旅券等以外の写真なし公的証明書を本人確認資料とする場合には、郵送確認や補完書類の受け入れなどが必要となります（施行規則6条1項1号ハ・ニ）。

② 取引担当者への権限の委任の確認

法人顧客の代理権の確認方法から、社員証等による確認が除外されました（施行規則12条4項2号）。

補完書類：税金や社会保険料、公共料金の領収書等で、領収日付の記載があるもの（6カ月以内に発行されたものに限る）

ⅲ）法人の実質的支配者

株式会社のような法人を「資本多数決法人」と呼び、このような法人顧客については、直接・間接に議決権の4分の1超を保有する自然人や出資・融資等により実質的に事業活動に支配的な影響力を有する自然人まで遡った確認を実施すべきとしています（施行規則11条）。

ⅳ）外国PEpsとの取引

顧客が外国のPEps（Politically Exposed Persons；国家元首、高位の政治家、政府高官、裁判官、軍当局者など）に該当するか判断し、該当する場合は、厳格な取引時確認措置を講じるべきとしています（犯収法4条2項、施行令12条3項、施行規則15条）。施行規則15条によれば、わが

国における内閣総理大臣等の閣僚、衆参両議院の役員、最高裁判事、大使、自衛隊幹部などに相当する者とされています。

4 　反社会的勢力との関係遮断とコンプライアンス

　暴力団員等の反社会的勢力が企業から多額の不正な利益を得た多くの事件があり、また、反社会的勢力（特に暴力団）は、近年その組織実態を隠ぺいしながら、各種の事業活動へ進出して企業活動を仮装するなど、一般社会での資金獲得活動を活発化させています。政府はこれを根絶するため、平成19年6月19日に「企業が反社会的勢力による被害を防止するための指針」（政府指針）を公表しています。

〔反社会的勢力排除の背景〕

　政府指針には、反社会的勢力による被害を防止するための基本原則（組織としての対応、外部専門機関との連携、取引を含めた一切の関係遮断、有事における民事と刑事の法的対応、裏取引や資金提供の禁止）と具体的な対応方法が明示されています。

〔政府指針の内容〕

　反社会的勢力は、金融機関等の企業で働く従業員を標的として不当要求を行うことなどにより、企業に食い込み、企業そのものを乗っ取ろうとするなど、最終的には従業員や株主を含めた企業自身に風評リスクを含めた多大な被害を発生させます。企業としては、企業防衛等の観点から、反社会的勢力との取引や資金提供をしないことが重要です。

　反社会的勢力は、不正な利益を得るために企業に食い込もうと寄ってくるのですから、企業側が対抗手段（例：後述する契約時の暴力団排除条項等）をとる必要があります。

1 反社会的勢力とは

❶反社会的勢力の定義

　政府指針によれば、反社会的勢力とは、「暴力、威力と詐欺的手法を駆使して経済的利益を追求する集団または個人」と定義付けられ、さらに続けて、「反社会的勢力をとらえるに際しては、暴力団、暴力団関係企業、総会屋、社会運動標ぼうゴロ、政治活動標ぼうゴロ、特殊知能暴力集団等といった**属性要件**に着目するとともに、暴力的な要求行為、法的な責任を

〔属性要件とともに、行為要件にも着目する〕

超えた不当な要求といった**行為要件**にも着目することが重要である」とされています。

反社会的勢力の定義についてはわかりやすいもので問題はないでしょう。「違法」、「不当」、「不正」等の言葉はありませんが、「暴力、威力と詐欺的手法」という言葉があることから「違法性」があることは明白です。

❷行為要件

問題となるのは、後段の「属性要件」だけはなく、「行為要件」が反社会的勢力の定義に出ていることでしょうか。「属性」は、その個人や集団が有している性質であり、たとえば、有名な総会屋が企業に金銭の要求を行えば、要求行為自体が脅迫的な言辞を伴わず、刑法犯に該当しない場合でも反社会的勢力としての行為と判断されるでしょう。

他方、「行為」は、その個人や集団の有する性質を切り捨て、行為それ自体に着目するものですから、その行為が犯罪行為に近いものでなければならないと考えるべきです。たとえば、「えせ同和」ではない正当な同和団体が企業に差別的待遇の是正を要求する場合において、刑法の暴行罪が成立するような暴力的な要求行為がされたとすれば、その行為を捉えて反社会的勢力とみなすということになるのでしょうか。ただし、行為要件による反社会的勢力の見極めは困難が伴いますから、個別具体的な案件で判断するほかありません。

このような反社会的勢力と各企業が関係遮断を断行するのは当然のことですが、特に金融機関について関係遮断が強く求められるのはなぜでしょうか。

> 特に金融機関について反社会的勢力との関係遮断が強く求められる理由

それは言うまでもなく、金融機関が負っている公共的使命と社会的責任からすれば、反社会的勢力との関係が遮断できない金融機関など退場すべきと考えられるからでしょう。

そこまで深刻に考えないとしても、反社会的勢力との関係遮断ができないとすれば、次に記述するように、当該金融機関の存亡にかかわるほどの大きな弊害が生ずることになります。

❷ 反社会的勢力による弊害

❶刑事責任の発生

反社会的勢力と関係を持つことは、反社会的勢力への不正な利益供与を意味します。反社会的勢力は、金銭等の不法な利益を目的として金融機関

第Ⅱ章　コンプライアンスの実践

との関係を迫るからです。金融機関が反社会的勢力へ利益を供与すれば、必ず犯罪が成立すると考えられます。平成9年に判明した特殊株主（株主の権利を濫用して会社から不当な利益を得る者。いわゆる「総会屋」）に対する銀行の不正融資事件では、特殊株主に対する利益供与だったので、会社法（旧商法）で刑罰をもって禁止されている**利益供与罪**（会社法970条1項）が成立することとなり、銀行の役職員が逮捕・勾留され、起訴されたうえ、刑事被告人となって刑事裁判で有罪判決を受けています。

たとえ、相手が特殊株主ではないとしても犯罪が成立しないわけではありません。反社会的勢力に対する利益供与は、銀行であれば会社法上の**特別背任罪**（同法960条1項）、信用金庫、JAなどの協同組織金融機関であれば**背任罪**（刑法247条）が適用されるからです。

❷民事責任の発生

反社会的勢力に対する不正な利益供与は、金融機関の役職員の損害賠償責任の発生原因となります。特に、役員については、金融機関に対して善管注意義務を負っており、経営全般について責任を負担しているのであって、内部統制システムの一環として反社会的勢力との関係遮断が義務付けられていますから、反社会的勢力への利益供与等は、善管注意義務違反と評価され、損害賠償責任が発生します。そして、銀行が役員をかばって責任を追及しなければ、株主から代表訴訟の洗礼を受けることになるでしょう。

❸信用棄損リスク

金融機関が反社会的勢力との関係を遮断できず、その関係が白日の下へさらされれば、当該金融機関の信用は失墜します。不正利益供与額が大きければ、規模の小さな銀行では経営破綻すら考えられます。また、反社会的勢力との関係が明らかとなれば、金融庁から行政処分を受けることは必至でしょう。いずれにしても金融機関の経営に大きな悪影響をもたらすことになります。

❹経済的な損失の発生

反社会的勢力との関係は、金融機関に経済的な損失を発生させます。たとえば、融資によって利益供与を行うとしましょう。当然ですが、不正な利益を供与するのですから、反社会的勢力が融資金を返済することはないでしょう。そうすると、それが金融機関にとって損失となります。融資ではない単純な特殊株主に対する利益供与は、表に出せない取引ですから、すべて経済的な損失につながります。

（株主等の権利の行使に関する利益供与の罪）
会社法第970条　第960条第1項第3号から第6号までに掲げる者又はその他の株式会社の使用人が、株主（中略）の権利又は当該株式会社の最終完全親会社等（中略）の株主の権利の行使に関し、当該株式会社又はその子会社の計算において財産上の利益を供与したときは、3年以下の懲役又は300万円以下の罰金に処する。（以下略）
特別背任罪・背任罪 ☞ p.76

❺役職員の生命・身体に対する危険の発生

　反社会的勢力の得意技は暴力です。言うまでもなく、暴力は人の生命・身体にとって大きな脅威となります。前記銀行の事件では、生命や身体に危害が及びませんでしたが、この事件を読み解くと最終的に銀行の経営陣は、右翼の大物の影に怯えていたようであり、その呪縛から抜けることができなかったようです。

　また、平成4年から同7年まで間に銀行等に対する暴力事件が6件あり、うち2件では銀行役員が2名殺害されているにもかかわらず、犯人が検挙されていません。もちろん、これらの銀行がどのような理由で攻撃を受けたのかは不明ですが、反社会的勢力との間で何らかのトラブルを抱えていたことは明白です。そして、反社会的勢力からの攻撃は、金融機関に対するメッセージなのでしょう。これによって、金融機関が怖れを抱き、反社会的勢力との関係遮断に困難を来たすならば由々しき事態であるといえます。

3 反社会的勢力との訣別の必要性

　上記のように反社会的勢力との関係を遮断できないとすれば、大きな弊害が生じます。そこで、銀行にとっては、以下の諸点からも反社会的勢力との関係遮断が重要課題となります。

❶コンプライアンスとの関係

　我が国で活動をする以上、法令等を遵守すべきことは当然ですが、バブル経済崩壊の余波を受け、金融機関がその社会的使命と公共的責任を放棄しているのではないかという批判の声が高まっていきます。そこで、当時の金融監督庁は、金融検査マニュアルに基づく厳格な金融検査を実施することにしました。旧検査マニュアルでは、法令等遵守こそが銀行経営の第一の柱とされたのです。

　金融機関は、お客さまの命の次に大切なお金を預かり、与信を行うことによって信用創造という経済的に極めて重要な使命を担っています。金銭を血液に例えるならば、銀行は心臓に当たるのです。このような金融機関の社会的使命と公共的責任に鑑みれば、その存在自体が禍いを招く反社会的勢力との関係を遮断することこそがコンプライアンスに合致するといわなければなりません。反社会的勢力との関係を持っていては、コンプライアンス態勢を整備しているとはいえません。したがって、反社会的勢力と

> 反社会的勢力との関係遮断は、コンプライアンスそのもの

の関係遮断は、まさしくコンプライアンスそのものといえるでしょう。

❷経営管理および内部統制システムとの関係

　金融機関には、経営管理（ガバナンス）が求められています。この言葉は、平成19（2007）年2月に全面的に改定された金融庁の「金融検査マニュアル」の大きな柱となっており、大検査項目の一つとされています。

　金融検査マニュアルでは、反社会的勢力との関係遮断は、法令等遵守項目に記載がありますが、経営管理と無関係ではありません。その理由は、従来我が国で問題となった反社会的勢力と金融機関との癒着が企業の極めて高い職階、すなわち役員レベルに及んでいるからです。

　当然ですが、金融機関の役員が断固たる決意で臨まなければ、反社会的勢力との関係遮断を実現することはできません。その意味で反社会的勢力との関係遮断は経営管理の問題と解されるのです。

　また、金融庁が公表している「監督指針」が平成26年6月に改正され、反社会的勢力との関係遮断について詳しい記述がされていますが、そこでは銀行においては、会社法上の内部統制システムの一環として位置付けるものとされています。銀行はすべて大会社（資本金5億円以上）ですから、取締役会が内部統制システムを整備する法的義務を負っています（会社法362条4項6号）が、この内部統制システムの内容を形成するものとして反社会的勢力との関係遮断を位置付ける必要があります。なお、この内部統制システムの構築は、信用金庫などの協同組織金融機関にも準用されています。

> 反社会的勢力との関係遮断は内部統制システムの一環

❸リスク管理との関係

　反社会的勢力との関係遮断は、リスク管理という観点からも整理できます。すなわち、反社会的勢力との関係遮断ができず、関係を持っているとすれば、前記のような大きな弊害がありますので、最大のリスクを抱えていることとなります。したがって、反社会的勢力との関係遮断を断固たる決意で行うことが究極のリスク管理とも考えられるのです。

　また、たとえば、反社会的勢力が金融機関に対して、不正な利益を得るために苦情等を寄せている場合、当然何らかの回答をしなければなりませんが、この対応を一歩誤ると大きなリスクに呑み込まれるおそれがあるので注意すべきです。正しく反社会的勢力への対応は、「今、ここにある危機」といえます。したがって、反社会的勢力への対応等がリスク管理の柱に位置付けることができるのです。

ひとくちメモ：内部統制システム

　会社法は、「取締役の職務の執行が法令及び定款に適合することを確保するための体制その他株式会社の業務の適正を確保するために必要な体制の整備」（同法362条4項6号）を取締役会に義務づけています。つまり、リスク管理、コンプライアンス、業務の効率化、適正な財務報告などを確保するための体制が「内部統制システム」ですが、大規模な会社の場合、経営陣が直接、社内全体に目を行き届かせることは難しいため、内部統制システムの整備義務を課しているのです。

4 反社会的勢力の具体的な排除方法

　反社会的勢力は、不正な利益を得るために企業に食い込もうと寄ってくるため、企業側が対抗手段（契約時の暴力団排除条項の準備、政府指針に基づく具体的な対応等）をとる必要があります。

❶組織としての対応
　反社会的勢力による不当要求に対しては、担当者や担当部署だけに任せるのではなく、不当要求防止責任者を関与させ、代表者である経営トップ以下、組織全体で対応すべきです。

❷外部専門機関との連携
　反社会的勢力による不当要求に備えて、平素から、警察、暴力団追放運動推進センター（暴追センター）、弁護士等の外部専門機関と密接な連携関係を構築することが重要です。

❸取引を含めた一切の関係遮断
　企業は、その事業から生ずる取引はもとより、取引以外でも反社会的勢力とは関係をもたないような態勢を整備すべきです。

❹有事における民事と刑事の法的対応
　ここに有事とは、反社会的勢力による不当要求等がされた場合ですが、有事だからといって焦ることなく、冷静に法的対応をとるべきです。法的対応には、民事的措置と刑事的措置がありますが、特に企業は、外部専門機関の助力を得て、刑事的対応を躊躇しないことが重要です。

❺裏取引や資金提供の禁止
　前記❸にあるように、反社会的勢力とは一切の関係を遮断するわけですから、裏取引や資金提供があってはならないことは当然です。特に、一度でも裏取引等に応ずると、それ自体が弱点となり、さらに金銭等を要求さ

れることとなり、関係遮断ができなくなります。

❻金融機関における反社会的勢力対応態勢の整備

ⅰ）経営陣の役割

　金融機関の代表者等の経営トップは、反社会的勢力対応につき基本方針を策定し、社内外に宣言し、その宣言を実現するための社内体制の整備、従業員の安全確保、外部専門機関との連携等の一連の取組みを行い、その結果を役員会に報告します。

ⅱ）統括部署の設置

　反社会的勢力による不当要求が発生した場合の対応を統括する部署（対応部署）を整備します。

ⅲ）反社会的勢力チェック

　反社会的勢力とは一切関係をもたないため、相手方が反社会的勢力に該当するかどうかについて、常に注意を払うとともに、反社会的勢力であると判明した時点や反社会的勢力であるとの疑いが生じた時点で、速やかに関係を解消します。

ⅳ）暴力団排除条項の整備

　金融機関では、反社会的勢力が取引先となって不当要求を行う場合の被害を防止するため、契約書や取引約款に暴力団排除条項を導入しています。**暴力団排除条項**とは、たとえば、「当社が貴行において定める反社会的勢力に該当する場合には、貴行から当社とのすべての取引を解約され、**期限の利益**を喪失しても異議はありません」というように、暴力団等の反社会的勢力の排除に関する特約条項のことです。

ⅴ）データベースの構築

　取引の相手方等が反社会的勢力であるか否かを判断するためには、その者の属性を知る必要があります。そこで、反社会的勢力の情報を集約したデータベースを構築すべきです。もちろん、データベースは他のグループ企業や暴追センターの情報を活用して随時更新します。なお、全銀協が会員銀行やその他の金融機関にもデータを還元しています。

ⅵ）外部専門機関との連携

　外部専門機関の連絡先や担当者を確認し、平素から担当者同士で意思疎通を行い、緊密な連携関係を構築します。暴追センター、企業防衛協議会、各種の暴力団排除協議会等が行う地域や職域の暴力団排除活動に参加します。

期限の利益：期限の到来までは返済しなくてもよいという債務者の利益のことで、「期限の利益の喪失」とは、期限の到来前であっても金融機関が返済を請求することができるようにすること

❼ 金融機関における有事対応（不当要求への対応）

ⅰ）報告相談体制の整備

反社会的勢力による不当要求に対しては、当該情報を速やかに対応部署へ報告・相談し、さらに速やかに当該部署から担当取締役に報告します。

ⅱ）不当要求対応要領等による対応

不当要求に対しては、積極的に外部専門機関に相談するとともに、その対応に当たっては、暴追センター等が示している不当要求対応要領等に従って対応します。

ⅲ）法的措置の発動

不当要求に対しては、担当者や担当部署だけに任せず、不当要求防止責任者を関与させ、経営トップ以下が組織全体として対応します。その際、民事上の法的対抗手段を講ずるとともに、刑事事件化することを躊躇してはなりません。刑事事件化することで警察の力を借りることが容易となりますし、泣き寝入りしないとの姿勢を明確化できるからです。

ⅳ）利益供与の禁止

不当要求に対して資金提供などの利益を供与すると、新たな弱点となり、被害のさらなる拡大につながります。ですから、絶対に資金提供や利益供与は行ってはなりません。

5 政府指針を踏まえた対応方法

❶ 方針等の策定と公表

企業は、反社会的勢力に対する基本指針を策定公表するとともに、社内規程や対応マニュアル等を策定し、役職員に周知徹底します。

❷ 情報の収集と利用

反社会的勢力対応で最も重要なことは、いかに正確な情報を保有するかです。情報がなければ、反社会的勢力と取引関係をもつ可能性があるからです。情報の取得には、自助・共助・公助の3種類があるとされています。「**自助**」は企業自らが情報を取得すること、「**共助**」は同業他社や業界団体等を通して情報を取得すること、「**公助**」は警察等から情報を受けることを意味します。

❸ 暴力団排除条項の活用

暴力団排除条項の意義については前記のとおりですが、たとえば、外部委託契約をする場合には、契約書に暴力団排除条項を入れて、もし委託先

が反社会的勢力であることが判明した際に即座に関係を解消できるようにします。

❹有事対応

反社会的勢力から現実に不当要求がされた場合には、前記のように民事と刑事の法的措置に踏み切るべきです。これらの措置は外部専門機関の助言のもとに行われるべきです。

ところで、政府指針の解説によれば、不当要求には「接近型」と「攻撃型」の2種類があるとされており、それぞれにおける有事対応は次のとおりであるとされています。

- 接近型：反社会的勢力が、機関誌の購読要求、物品の購入要求、寄付金や賛助金の要求、下請け契約の要求を行うなど、「一方的なお願い」あるいは「勧誘」という形で近づいてくる場合

  〈対　応〉契約自由の原則に基づき、「当社としてはお断り申し上げます」「申し訳ありませんが、お断り申し上げます」などと理由をつけずにきっぱりと断ることが重要です。理由をつけることは、相手側に攻撃の口実を与えるのみであり、妥当ではありません。

- 攻撃型：反社会的勢力が、企業のミスや役員のスキャンダルを攻撃材料として公開質問状を出したり、街宣車による街宣活動をしたりして金銭を要求する場合や、商品の欠陥や従業員の対応の悪さを材料としてクレームをつけ、金銭を要求する場合

  〈対　応〉対応部署の要請を受けて、不祥事案を担当する部署が速やかに事実関係を調査します。仮に調査の結果、反社会的勢力の指摘が虚偽であることが判明した場合には、その旨を理由として要求を拒絶します。もし、真実であることが判明した場合でも、不当要求自体は拒絶し、別途通常の処理（事実開示や再発防止策の徹底等）を行います。

5　預金業務とコンプライアンス

1 預金契約とは

ここではまず、預金取引とは、法律的にはどのような契約になるのかを

確認しておきましょう。

❶消費寄託契約

金融機関は、お客さまのお金を預かります。このように、物を保管する契約を「寄託契約」といい、預かったものを返すときには、そのまま返さなければなりません。

しかし、金融機関はお客さまから預かった金銭をそのまま保管しているのではなく、貸出用の資金に使ったり、他の預金者の払戻金として使用していますので、お預かりしたお金をそのまま返すわけではありません。お客さまから**預金の払戻請求を受けたときは、預金額に相当する金銭を返還**すればよく、預かったときのお札やコインそのものを返還する必要はないわけです。このように、同種の物（同額の金銭）を返せばよいという契約を「**消費寄託契約**」といいます。

❷諾成契約と要物契約

また、契約には諾成契約と要物契約の2種類があり、契約を結ぶ者の間の合意だけで成立するのが**諾成契約**、合意だけでなく契約の目的物の授受がないと成立しないのが**要物契約**です。

預金は、預金者と金融機関との同意だけでなく、金銭の授受があってはじめて成立するので要物契約にあたります。一方、定期積金は、合意だけで成立する諾成契約です。

❸預金取引約款

預金契約の具体的なことは、契約する当事者同士（金融機関とお客さま）が決めます。

そこで、金融機関は契約条項を決めて**取引約款**を制定し、総合口座規定、定期預金規定などとして、口座開設時にお客さまにお渡ししています。契約の内容に関する重要なものですから、渡し忘れがないようにしましょう。

(消費寄託)
第666条　第5節（消費貸借）の規定は、受寄者が契約により寄託物を消費することができる場合について準用する。
2　前項において準用する第591条（返還の時期）第1項の規定にかかわらず、前項の契約に返還の時期を定めなかったときは、寄託者は、いつでも返還を請求することができる。

約款類は必ずお客さまにお渡しします

2 取引の相手方

私たちは社会人になると、給料を受け取るために口座を開設したり、会社を起こしたときなどに金の出し入れをするため会社の口座を開きます。日常的なお金の出し入れに口座を使う、口座振替で公共料金等の引き落としをするなど、生活に密着した取引を行い、お客さまにメインバンクとして活用していただくことはとても重要です。

第Ⅱ章　コンプライアンスの実践

それでは、金融機関にはどのようなお客さまがいらっしゃるのでしょうか。お客さまのタイプ別に確認をしておきましょう。

❶個人（自然人）のお客さま

個人のお客さまは、基本的にどのお客さまも取引をいただきたい大切なお客さまであることは言うまでもありません。しかし、お客さまによっては、そのお客さまの保護のために限られた取引のみを行っていただいたり、口座名義人とは別の人に取引をしていただく場合があるので注意をしましょう。

お客さまが金融機関で預金取引を行うことは、法律行為の1つです。法律行為を有効に行うためには**行為能力**を持っていることが必要です。しかし、**未成年者**や、精神疾患や認知障害を患っている人のように取引による利害得失などを判断する能力が不十分な人は、大きな損失を被るような取引を行ってしまう危険性があります。

そこで、このように法律行為を行うために必要な判断能力が備わっていない人を保護する仕組みとして、民法は、一定の条件を設けて、その条件に当てはまる人を保護しています。この条件に当てはまる人のことを、**制限行為能力者**といい、具体的には、次の4種類の人が該当します。

①未成年者

20歳未満のお客さま（ただし、婚姻をしていれば成年とみなされます。また、独立して事業を営む場合は、その営業に関しては単独で取引できます）のことで、小遣い銭程度の例外を除いて、取引には法定代理人の同意が必要です。通常、法定代理人には親御さんなどの親権者がなります。

ただし、未成年者が充分な判断ができないまま、お金を借りてしまい後々の返済に苦労するなどということがないよう、未成年者の保護のために、総合口座取引や貸出取引などは未成年者とは行いません。たとえば、新規に口座をつくる場合にも、未成年者のお客さまには、総合口座ではなく、普通預金口座を開設していただきます。

未成年者との取引の際には、上司や先輩に確認するようにしましょう。

②成年被後見人・③成年被保佐人・④成年被補助人

認知症の高齢者など判断能力が衰えた上記②～④の人たちについては、法定後見制度を利用すると、家庭裁判所が適切な保護人（**成年後見人、保佐人、補助人**）を選任して、成年後見人等が法定代理人となって取引をすることができます。お客さまご本人（成年被後見人等）に代わって成年後

（成年）
第4条　年齢20歳をもって、成年とする。
（未成年者の法律行為）
第5条　未成年者が法律行為をするには、その法定代理人の同意を得なければならない。ただし、単に権利を得、又は義務を免れる法律行為については、この限りでない。
2　前項の規定に反する法律行為は、取り消すことができる。
（第3項略）
（成年被後見人の法律行為）
第9条　成年被後見人の法律行為は、取り消すことができる。ただし、日用品の購入その他日常生活に関する行為については、この限りでない。
（保佐人の同意を要する行為等）
第13条　被保佐人が次に掲げる行為をするには、その保佐人の同意を得なければならない。ただし、第九条ただし書に規定する行為については、この限りでない。
一　元本を領収し、又は利用すること。
二　借財又は保証をすること。（以下略）
（補助人の同意を要する旨の審判等）
第17条　家庭裁判所は、第15条第1項本文に

見人等が取引にいらっしゃるときには、その旨の届出を提出していただきます。

入出金取引の際などにも、成年後見人等であることの確認や、取引内容が代理権の範囲内であるかなど、さまざまなチェックが必要な取引ですので、成年後見人等の届出が出ている場合には、上司や先輩の確認を得るようにしましょう。

❷**法人のお客さま**

株式会社など法人との取引は、代表権限のある人と行います。法人の種類と取引の相手となる代表者については別表のとおりです。通帳の表紙に会社名だけを印字する（例：株式会社A商事）のか、代表者の名前まで印字する（例：株式会社A商事 代表取締役 鈴木一郎）のかは、金融機関によって異なりますので自行・自金庫のルールを確認しましょう。

規定する者又は補助人若しくは補助監督人の請求により、被補助人が特定の法律行為をするにはその補助人の同意を得なければならない旨の審判をすることができる。ただし、その審判によりその同意を得なければならないものとすることができる行為は、第13条第1項に規定する行為の一部に限る。（以下略）

主な法人の種類と取引の相手方

法人の種類				取引の相手方
公法人	都道府県 市町村 特別区			知事 市町村長 区長
法人	私法人	非営利法人	公益法人	公益社団法人・公益財団法人 学校法人 宗教法人 医療法人 社会福祉法人 特定非営利活動（NPO）法人	理事・代表役員など
			中間法人	協同組合 労働組合	代表理事　など
		営利法人	株式会社	株式会社	代表取締役
				特例有限会社	取締役（代表取締役）
			持分会社	合名会社	社員
				合資会社	社員（業務執行役員）
				合同会社	代表社員

❸**任意団体のお客さま**

同窓会、同好会、PTAなど、団体であっても法人でないお客さま（**任意団体**）と取引をするときには、その団体を代表する人を明確にしていただき、**団体名と代表者名と代表者の印鑑を届け出**ていただいて取引をします。

第Ⅱ章　コンプライアンスの実践

3 取引名義人と代理人・使者

❶取引名義人

預金取引は、**本人名義**でするのが原則です。万が一、芸能人や作家などのお客さまから、通称やペンネームで取引をしたいとの申し出があったときには自己の判断で応じるのではなく、上司に相談して指示を仰ぎましょう。

❷代理人

代理人とは、本人に代わって、代理権の範囲内で自らの判断により行動できる人のことをいいます。金融取引上は、「**代理人届**」または「**委任状**」を提出していただいている人と考えてよいでしょう。

正式に届け出ていただけば、取引者本人に代わって代理人の氏名と代理人の届出印で取引ができます。

代理人届を提出すれば本人に代わって取引ができてしまうわけですから、申し出時には以下に注意して慎重に取り扱います。

〈代理人との取引の注意点〉

- 真に権限の授与が行われているものであるかを確認する。
- 取引者本人からの申出により「代理人届」または「委任状」を提出してもらう（届出は、代理人ではなく、取引者本人が申し出ます。もし代理人が自由に出せるのであれば、「わたしが〇〇さんの代理人になりました」と申し出て、他人の口座を悪用することが可能になってしまいます）。
- 届出書には代理人が行う取引を具体的に記入してもらう。
- 代理人についての届出内容の変更は、必ず取引者本人からもらう。

❸使　者

金融機関の窓口には、妻が来店して「夫の通帳からお金をおろしたい」など、本人に代わって代理の人が取引にいらっしゃる場合がありますが、正式な代理人届を出しておらず、本人から命じられたままにしか取引ができない人を**使者**といいます。

使者は、あくまでも取引者本人の氏名と届出印で取引をしますので、その取引が本当に本人から頼まれて行っているのか、使者が勝手にやろうとしているのか判断が難しいところです。しかも、取引者本人と使者の性別が異なる、年齢が大きく違うなどの時には、本人でないことは一目瞭然なので、万が一事故の場合でも、銀行としても「本人だと思っておろしまし

（代理行為の要件及び効果）
第99条　代理人がその権限内において本人のためにすることを示してした意思表示は、本人に対して直接にその効力を生ずる。
（第2項省略）

取引者本人の意思なのかを確認します

た」と言い逃れができません。そこで、次の点に注意して判断が難しいときには、上司や先輩の指示を仰ぐようにしましょう。

〈使者との取引の注意点〉
- 盗難通帳などの疑いがある場合は、取引店ではなくネットでお金をおろすケースが多いので、通帳をよく見て取引店を確認する（確認したら、「いつも○○支店（取引店の名前）でのお取引をありがとうございます」など、日常取引のお礼を言いましょう）。
- これまでに自店に取引に来たことがあるか、通帳内容を見て確認する（たとえば、いつも勤務先の近くの支店でネット取引をしているなど、日常からネット取引をしている場合には安心度が増します）。
- 異性取引、普段と違う人が来店した、不審に感じられるなどのときには、使者自身の取引時確認をするほか、本人に対する意思確認をしたり、状況を伺うなどしたうえで、独断で判断せずに上司に相談する。

4 事務取扱い上の留意点

具体的な取引や商品の話の前に、お客さまが取引にいらっしゃって、窓口カウンターや後方などで事務処理をするときの全般的な留意点を整理しておきましょう。

❶ 基本的な心構え

事務の基本は「**正確**」「**迅速**」「**丁寧**」です。この中で、新入職員がまず押さえるべきことは「**正確な事務処理**」です。　　　　　　　　　　　　まずは正確に

お客さまの大切なお金を扱うのですから、間違いがあってはなりません。自分の事務処理は、必ず**自己チェック**をして確認するようにします。

また、自分一人で判断できないことは、**上司の指示を仰ぐ**ことが必要です。何でもかんでも最後まで一人で行うことが責任のある仕事とはいえません。独断で間違った処理をしているようでは仕事の責任は果たせないのです。上司への報告、連絡、相談を忘れないようにしましょう。　　　　独断せず上司に確認

❷ 事務手続の遵守

正確な事務を行うために、金融機関では、事務手続の基本的なルールを**事務手続マニュアル**にまとめています（マニュアルの名称は銀行によって異なります）。事務の確認をするときには、まめにマニュアルを見開きチェックするようにしましょう。

❸現金の取扱い

お客さまの大切な現金を取り扱うときには、「**現金その場限り**」が原則です。現金その場限りとは、万が一現金の過不足があった場合、後からでは証拠をあげることが難しいため、現金の授受はお客さまの面前で行うというものです。

❹伝票の取扱い

ⅰ）伝票の役割

伝票は、経理上の記録書類であり、取引の証拠書類でもある重要な書類です。お客さまに記入していただくときには、間違いがないように丁寧な説明をし、徴求した伝票はきちんと保管します。

ⅱ）代筆の禁止

原則的に、伝票は**お客さまご自身に記入**していただきます。お客さまが書いた伝票が記録として保存されているからこそ、処理の正当性を説明できるのです。

ときどき、「代わりに書いてくれないか」と代筆を依頼されることがありますが、代筆は、法律的には**準委任**とみなされ、窓口担当者は「**善良な管理者の注意**」をもって事務を処理する必要がありますので、慎重な対応が必要です。上司に確認をしてからにしましょう。

> 善良な管理者の注意 ☞ p.12

ただし、視覚障害がある、手が使えないなどやむを得ない事情によりご自身で書くことのできないお客さまに対しては、次の点に注意して代筆を行います。

① 役席者の事前承認を得る
② 役席者（第三者）に立ち会ってもらう
③ お客さまの意思確認を十分に行ったうえで、お客さまの面前で代筆する
④ 代筆者、代筆理由、代筆者の係印、役席の検印など、その時の状況を伝票上に記入しておく（後日紛議が生じた場合に有効といえる）

> 代筆は上司に確認してから

代筆に関しては、原則的にどんな取扱いをしたらよいのかルールを決めている銀行が多いので、自行の取扱いルールを確認しておきましょう。

ⅲ）なぞり書き、訂正の禁止

なぞり書きや訂正があると、後日紛議があった場合、金融機関が改ざんしたものではないことを立証するのが困難です。万が一、お客さまが伝票を書き損じてしまった場合には、書き直してもらうか、訂正印を押捺して

もらいましょう。

なお、金額欄や氏名は訂正印による書き直しは受け付けられません。新たに伝票を書き直していただきましょう。

❺通帳や証書の取扱い

ⅰ）証拠証券としての通帳・証書

通帳や証書は、お客さまの預金債権の存在を示す**証拠証券**です。お客さまが金銭を預け出ている事実を証明する重要な書類ですから、事務処理後は記載内容に誤りがないことを充分に確認する必要があります。

また、未使用の通帳、証書は、外部に持ち出されることがないよう、厳格に在庫管理を行います。

ⅱ）免責証券としての通帳・証書

お客さまから窓口で預金の払戻請求を受けた場合、金融機関は、通帳または証書と届出の印鑑の一致を確認して払い出します。

預金の規定には、これらのものに偽造、変造その他の事故があっても、そのために生じた損害について金融機関は責任を負わない旨の**免責約款**が定められています。つまり、預金契約においては、通帳または証書と届出印をお持ちになったお客さまを正当な預金者として取り扱うこととし、万が一、通帳、証書の所持人が正当な預金者でなかったとしても、金融機関に重大な過失がない限り、責任を免れるとされています。

❻印鑑の取扱い

印鑑については、まず3つのことばの意味を押さえましょう。

- **印章**：「はんこ」そのもの
- **印影**：伝票などに押された印章の跡
- **印鑑**：取引開始前にあらかじめ届け出ていただく印影

お客さまに対しては、一律「印鑑」ということばで対応をすることが多いようですが、事務のマニュアルや預金規定などにはこの3つがきちんと使い分けて書かれていますので、注意して文章を読むと理解が深まります。

ⅰ）お客さまの印章は、たとえ**一時的**であっても預かってはならない。

お客さまの印章をお預かりしてしまうと、たとえば、お客さまから見えないところで出金伝票を偽造してお金をおろして懐（ふところ）に入れたと疑われても、そんなことをしていないと証明するのが難しかったり、時間がかかってしまいます。なるべく疑われるような事務処理をしないことが事務の原則です。

ⅱ）印鑑照合事務

預金規定には、「払戻請求書、諸届その他の書類に使用された印影を届出の印鑑と**相当の注意をもって照合**し、相違ないものと認めて取扱ったうえは、それらの書類につき偽造、変造、その他の事故があっても、そのために生じた損害については、責任を負わない」ということが書いてあります。印鑑照合はそれだけ重要な事務ということです。

疑いのない事務処理をします

「合っているだろう」という通り一遍の印鑑照合ではなく、ことばは悪いですが、間違った印章が使用されていないか疑うくらいの気持ちで照合するようにしましょう。自分一人で一致しているかどうかの判断がつかないときには、上司や先輩にも照合してもらいます。

ⅲ）印鑑の異例扱い

原則的に伝票の代筆を行わないのと同様に、押印もお客さまご自身にしていただくのが原則です。やむを得ず窓口担当者が代わって押印する場合は、お客さまの了解を得て、お客さまの面前で押印し、押印箇所を説明してすぐに返却するようにします。

ひとくちメモ：準委任

法律行為以外の事務の委託をすることをいい、民法643条以下の委任の規定が準用されます。委任とは、依頼する者（委任者）が依頼を受ける者（受任者）を信頼して、法律行為をするなど事務を処理することを依頼し、受任者がこれを引き受けることによって成立する契約。受任者は、善良な管理者の注意をもって委任事務を処理する義務を負います。

6　融資業務とコンプライアンス

融資業務は、銀行等の金融機関とって根幹をなす業務です。これは銀行法が銀行業の定義として、「預金等の受入れ」、「為替取引」を行うとともに、「資金の貸付け」を行うことをあげていることから明らかです（同法2条2項）。

融資には、「融資5原則」と呼ばれる次のような原則があります。

融資5原則

① **安全性の原則**：融資した資金が確実に回収できるような安全な貸出

を行う。
② **公共性の原則**：地域社会の利益に反する行為は行わず、公共性を持ち、地域社会とともに発展していく。
③ **収益性の原則**：利益をあげるような貸出を行う。
④ **成長性の原則**：金融機関からの融資が企業の発展に役立つとともに金融機関自身も成長することが必要である。
⑤ **流動性の原則**：貸し出しの資金源となる預金は、季節で増減したり、景気動向や金融情勢により変動するので、それに対応できるように貸出金が適正に回転して流動性が保てるようにする。

ところが、このように銀行等の金融機関の基本的な業務である融資には、さまざまなコンプライアンス上のリスクがあります。融資業務が顧客に資金を提供する取引であることから、法令等に反する不正な融資がされる可能性があること、融資取引における**説明義務**が問題とされること、融資を受ける顧客と金融機関との力関係から、金融機関が独占禁止法に反するような要請を行うことなどが同法の禁止する「**優越的地位の濫用**」やその他「**不公正な取引方法**」に該当する可能性があるからです。

優越的地位の濫用☞
p.71

このような融資業務におけるコンプライアンス違反は、融資取引の性質上、金融機関にとって大きな損失につながりかねません。実際に融資金が不良債権化することによる現実的な損失はもとより、融資取引におけるコンプライアンス違反は、種々の風評リスクにつながる結果となります。

したがって、金融機関およびその職員は、融資取引において遵守すべき法令等を明確に理解するとともに、それら法令等を現実に遵守しなければならないのです。

ここでは、融資業務とコンプライアンスについて、①融資取引における金融機関の説明義務、②融資取引と不公正な取引方法、③法令等に違反する融資を説明するほか、融資取引において不可欠な銀行取引約定書および全国銀行協会が公表している経営者保証ガイドラインについて解説します。

1 融資取引における金融機関の説明義務

❶旧事務ガイドライン改正の経緯

金融商品の販売・勧誘については、金融機関には金融商品販売法等による説明義務が課せられていますが、融資等の与信取引については、従来は明確な規制はありませんでした。しかし、平成15年に金融庁によって公

与信：取引相手に対して金銭的な信用を与えること

表された「リレーションシップバンキングの機能強化に関するアクションプログラム」において、特に中小企業の顧客に対する説明態勢の整備に関する監督のあり方について、この問題に関連する事務ガイドラインの改正が同年7月29日に公表されました。

すなわち、銀行法12の2および同法施行規則13条の7によれば、業務内容および方法に応じ、顧客の知識、経験および財産の状況を踏まえた重要な事項の顧客に対する説明を行うための十分な体制整備が義務付けられています。しかし、金融商品の販売に関しては、金融商品販売法の施行もあって、実務上説明態勢が整備されていますが、与信取引については、必ずしも明確ではありませんでした。

そこで、アクションプログラムが発出されたことから、事務ガイドラインが整備され、特に中小企業向けの融資取引について、金銭消費貸借契約、担保および保証契約における説明態勢の確立が図られることとなったのです。

その後、事務ガイドラインが監督指針に移行したため、現在では監督指針において与信取引の説明義務が規定されています。その概要は次のとおりです。

ⅰ）全行的な内部管理態勢の確立

監督指針によれば、銀行において、まず全行的な内部管理態勢の確立を図る必要があります。そのため、以下の諸点の連携が必要になり、このような態勢が整備されているかが問われています。

☞Ⅱ－3－2－1 与信取引等（貸付契約並びにこれに伴う担保・保証契約及びデリバティブ取引）に関する顧客への説明態勢

（1）全行的な内部管理態勢の確立

① 顧客への説明態勢に関する全行的な内部管理態勢の確立に関し、取締役会が適切に機能を発揮しているか。

② 法令の趣旨を踏まえた社内規則等の作成

イ．業務の内容及び方法に応じた説明態勢が社内規則等で明確に定められているか。

　与信取引には、例えば、手形割引、貸付金（手形貸付、証書貸付、当座貸越）、債務保証、外国為替等の多様な取引があり、また、保証契約についても、保証約定書形式や手形保証等の類型があるが、それぞれの類型に応じた態勢整備がなされているか。

　さらに、インターネット取引等の異なる取引方法に応じた態勢整備がなされているか。

6 融資業務とコンプライアンス

> ロ．顧客の知識、経験、財産の状況及び取引を行う目的に応じた説明態勢が社内規則等で明確に定められているか。
>   特に、中小企業や個人については実態に即した取扱いとなっているか。
> ③ 法令の趣旨を踏まえた行内の実施態勢の構築
>   イ．社内規則等に基づいて業務が運営されるよう、研修その他の方策（マニュアル等の配布を含む。）が整備されているか。
>   ロ．説明態勢等の実効性を確保するため、検査・監査等の内部けん制機能は十分発揮されているか。
> ④ 説明態勢
>   経営相談機能を充実・強化するための環境整備として、与信後における顧客との情報の相互共有に向けた説明態勢が整備されているか。

ⅱ）契約時点等における説明

具体的な契約時における説明としては、以下の事項につき規則等を定め、職員の研修等の整備が検証されます。ただし、①イのデリバティブ取引に関する説明はかなりの字数となるので一部を省略しています。

> （2）契約時点等における説明
> ① 商品または取引内容およびリスク等に関する説明
>   イ．融資取引にオプション・スワップ等のデリバティブ取引が含まれているときは、銀行法13条の3や金商法38条、40条の規定に抵触することがないよう、顧客の知識、経験、財産の状況および取引の目的を踏まえ、商品内容やそのリスクに応じた説明をすることとしているか。
>   ロ．住宅ローン契約については、利用者に適切な情報提供とリスク等に関する説明を行うこととしているか。
>   ハ．個人保証契約については、保証債務を負担するという意思を形成するだけではなく、その保証債務が実行されることによって自らが責任を負担することを受容する意思を形成するに足る説明をすることとしているか。
>   ニ．経営者等との間で保証契約を締結する場合には、「経営者保証に関するガイドライン」に基づき、保証契約の必要性等について、主債務者と保証人に対して丁寧かつ具体的な説明を行うこととしているか。

銀行法13条の3（銀行の業務に係る禁止行為）
金商法38条（禁止規定）
同法40条（適合性の原則等）

経営者保証ガイドライン ☞ p.78

第Ⅱ章　コンプライアンスの実践

　　ホ．連帯保証契約については、補充性や分別の利益がないことなど、通常の保証契約とは異なる性質を有することを、相手方の知識、経験等に応じて説明することとしているか。

　　ヘ．経営者以外の第三者との間で個人連帯保証契約を締結する場合には、契約者本人の経営への関与の度合いに留意し、原則として、経営に実質的に関与していない場合であっても保証債務を履行せざるを得ない事態に至る可能性があることについての特段の説明を行うこととしているか。併せて、保証人から説明を受けた旨の確認を行うこととしているか。

　　ト．経営者以外の第三者と根保証契約を締結する場合には、原則として、契約締結後、保証人の要請があれば、定期的または必要に応じて随時、被保証債務の残高・返済状況について情報を提供することとしているか。

　　チ．信用保証協会の保証付き融資については、利用する保証制度の内容や信用保証料の料率などについて、顧客の知識、経験等に応じた適切な説明を行うこととしているか。

　②　契約締結の客観的合理的理由の説明

　　顧客から説明を求められたときは、事後の紛争等を未然に防止するため、契約締結の客観的合理的理由についても、顧客の知識、経験等に応じ、その理解と納得を得ることを目的とした説明を行う態勢が整備されているか。

　　なお、以下のイからハの検証に関しては、各項に掲げる事項について顧客から求められれば説明する態勢（ハの検証にあっては、保証契約を締結する場合に説明する態勢）が整備されているかに留意する。

　　イ．貸付契約

　　　貸付金額、金利、返済条件、期限の利益の喪失事由、財務制限条項等の契約内容について、顧客の財産の状況を踏まえた契約締結の客観的合理的理由

　　ロ．担保設定契約

　　　極度額等の契約内容について、債務者との取引状況や今後の取引見通し、担保提供者の財産の状況を踏まえた契約締結の客観的合理的理由

　　ハ．保証契約

　　　保証人の立場および財産の状況、主債務者や他の保証人との関係等を踏まえ、当該保証人との間で保証契約を締結する客観的合理的理由

連帯保証：保証人が債務者と連帯して債務を負担する保証で、債務者が返済を遅滞したときは債務者に代わって返済する義務を負う

補充性：主債務者が債務を履行しない場合にはじめて保証債務を履行すればよい性質

分別の利益：複数人の保証人が存在する場合、各保証人は債務額を保証人に按分した部分（負担部分）についてのみ保証すれば足りるという性質

根保証：一定の継続的取引によって生じる債務を将来にわたって保証すること

期限の利益 ☞ p.52

財務制限条項：金融機関が融資する際に、債務者に順守を求める財務上の条件のこと

極度額：契約上、担保や保証の対象となる限度額

a．根保証契約については、設定する極度額および元本確定期日について、主債務者との取引状況や今後の取引見通し、保証人の財産の状況を踏まえた契約締結の客観的合理的理由

　　b．経営者以外の第三者との間で個人連帯保証契約を締結する場合には、「経営者以外の第三者の個人連帯保証を求めないことを原則とする融資慣行を確立」するとの観点に照らし、必要に応じ、「信用保証協会における第三者保証人徴求の原則禁止について」（中小企業庁）における考え方にも留意しつつ、当該第三者と保証契約を締結する客観的合理的理由

　　c．経営者等に保証を求める場合には、「経営者保証に関するガイドライン」に基づき、当該経営者等と保証契約を締結する客観的合理的理由

経営者保証に関するガイドライン ☞ p.78

③　契約の意思確認

　イ．契約の内容を説明し、借入意思・担保提供意思・保証意思・デリバティブ取引の契約意思があることを確認した上で、行員の面前で、契約者本人から契約書に自署・押印を受けることを原則としているか。特に、保証意思の確認に当たっては、契約者本人の経営への関与の度合いについても確認することとしているか。

　ロ．例外的な書面等による対応については、顧客保護および法令等遵守の観点から十分な検討を行った上で、社内規則等において明確に取扱い方法を定め、遵守のための実効性の高い内部けん制機能が確立されているか。

　ハ．いわゆる捨印慣行の不適切な利用、および契約の必要事項を記載しないで自署・押印を求め、その後、行員等が必要事項を記載し書類を完成する等の不適切な取扱いを防止するため、実効性の高い内部けん制機能が確立されているか。

捨印：あらかじめ書類の欄外に押印しておき、後日、訂正があった場合に、訂正印を押す手間を省けるようにしておくこと

　ニ．銀行として貸付の決定をする前に、顧客に対し「融資は確実」と誤認させる不適切な説明を行わない態勢が整備されているか。

④　契約書等の書面交付

　　貸付契約、担保設定契約または保証契約を締結したときは、原則として契約者本人に契約書等の契約内容を記載した書面を交付することとしているか。

　　なお、検証に当たっては、特に以下の点に留意する。

　イ．銀行取引約定書は、双方署名方式を採用するか、またはその写しを交付することとしているか。

> ロ．貸付契約書、担保設定契約書および保証契約書については、その写しを交付すること等により顧客が契約内容をいつでも確認できるようになっているか。
> ハ．取引の形態から貸付契約の都度の契約書面の作成に馴染まない手形割引や手形貸付については、契約条件の書面化等、契約面の整備を適切に行うことにより顧客が契約内容をいつでも確認できるようになっているか。

❷融資取引における説明義務の実践

　金融機関は、厳しい競争の中で、生き残りをかけて収益確保のために融資の推進を図っています。そのためには、顧客が金融機関に何を求め、何を期待しているのかを知り、顧客のニーズを的確につかまなければ、取引の深耕・推進にはつながりません。

　しっかりと納得のいく十分な説明と適切な対応が顧客の理解を得られ、それが信頼獲得につながり、そして、融資に対しての苦情やトラブルを未然に防ぐことにつながるのです。

　苦情にはさまざまなケースがありますが、融資業務の場合、その多くの原因は、融資担当者の知識不足や勉強不足からくる説明不足に起因しています。

　苦情・トラブルを招く融資担当者の対応としては、次のようなことが考えられます。

ⅰ）申込みの受付とその曖昧な回答（返事）や回答の失念

[傍注：苦情・トラブルを招く融資担当者の反応]

　よくあるケースですが、融資の申込みや相談などの案件についての判断に躊躇した結果、その可否の回答を長びかせたり、曖昧な返答をしたため、そのときの状況からみてお客さまが、融資を受理されたと思い込む、というような誤解を招いてしまった、というケースです。

　担当者が融資約束をしたと認定された場合において、本部決裁がおりなかったときには、金融機関に損害賠償責任が生ずる可能性があるので、注意が必要です。このようなケースでは、担当者が明確に融資を検討中であると返答すべきです。

ⅱ）融資内容の説明を怠ったための苦情・トラブル

　融資における苦情・トラブルは、どのようなケースの場合も、説明不足や説明を怠ったために生じたものが多く、結果として、お客さまにしてみ

ると、「そんな話は聞いていない」「そんなはずではなかった」というケースが多いように思われます。たとえば、「追加で担保が必要となる」旨の説明をしていなかった次のような事例です。

　取引先から担保として取得していた土地（更地）に、金融機関が確知することなく建物が建築されていたようなケースにおいて、あらかじめ取引先に、建物が建築されたときには、債権保全上、その建物に追加で担保権を設定する旨を説明していなかった場合には、取引先から「建物を担保提供するような話は聞いていない」などというクレームを受けることがあります。

　不動産に担保権を設定する場合、土地とその上に建築されている建物双方を担保として取得するのが原則ですが、事情によって、土地（更地）のみを担保として取得するような場合には、融資実行時に将来の建物建築を予測して、当該建物に担保権を設定する旨の説明をして、取引先の事前同意を得ておく必要があります。この場合、第三者が担保提供者の説明および意思確認は、必ず役席者同席のうえ面前で確認すべきです。

　特に、融資を実行するにあたり、取引先から融資金額などの貸出条件や担保設定に関する条件、あるいは保証契約などについて、説明を求められたときには、金融機関が明確かつ適切な理由を付して説明し、取引先の理解と納得を得るべきでしょう。

　こうした説明責任を適切に果たすために、担当者自らが融資契約等の内容を十分理解しておくことが必要となります。融資担当者の説明不足によるお客さまへの苦情等を招くことのないよう、十分に注意すべきです。

2 融資取引と不公正な取引方法

　金融機関が融資取引に際し、取引先に対して「不公正な取引方法」を強要することは、独占禁止法で禁止されています（同法19条）。以下では独占禁止法の概要を説明し、そのうえで融資業務と不公正な取引方法について解説します。

❶独占禁止法の概要

　独占禁止法の正式名称は、「私的独占の禁止及び公正取引の確保に関する法律」です。独占禁止法の目的は、市場における公正かつ自由な競争を促進することにあります。この目的を達成するためには、競争を制限する行為を禁止し、競争的な市場構造を維持することが重要です。

独占禁止法の規制対象は、ⅰ）私的独占および不当な取引制限、ⅱ）事業者団体の禁止行為、ⅲ）私的独占の排除、ⅳ）株式の保有、役員の兼任、合併、分割、株式移転および事業の譲受けの制限、ⅴ）不公正な取引方法の禁止があります。

独占禁止法の主務官庁は、公正取引委員会という独立行政委員会です。公正取引委員会は、独占禁止法に抵触する行為を調査し、違反者に対して排除措置命令等を行うことができる強力な権限と強い独立性を有しています。

❷不公正な取引方法の内容

前記のとおり、独占禁止法は不公正な取引方法を禁止していますが、この不公正な取引方法の具体的内容は、独占禁止法および公正取引委員会が次のとおり定めています。

ⅰ）優越的地位の濫用（同法2条9項5号）

優越的地位の濫用とは、自己の取引上の地位が相手方に対して優越していることを利用して、正常な商習慣に照らして不当に、相手方に不利益な条件を押し付けるなどの行為です。

> 取引上の関係を利用して、相手方に不利益な条件を押し付ける行為

ⅱ）一般指定（昭和57年公正取引委員会告示第15号）

公正取引委員会は、すべての業種に共通する15種の不公正な取引方法を指定しており、これを一般指定といいますが、融資業務と関係が深い取引方法は次のとおりです。

① 共同の取引拒絶
② 抱き合わせ販売
③ 排他条件付取引
④ 拘束条件付取引
⑤ 取引の相手方の役員選任への不当干渉等

❸不公正な取引方法に対する措置

金融機関が不公正な取引方法を行うと、公正取引委員会から排除措置を受けることになります（独占禁止法20条）。具体的には、不公正な取引方法と認められた行為について、公正取引委員会が審査し、不公正な取引方法に該当すると判断された場合には、当該行為につき、排除措置命令が下されます。排除措置命令には、①違反行為の差止め、②当該行為の実効性確保手段の廃棄等、③当該行為を行わないことの周知徹底、④当該行為の再発を防ぐための予防措置などがあります。

❹融資業務と不公正な取引方法

金融機関が行う融資取引における不公正な取引方法の典型的な事例は次のとおりです。

ⅰ) 優越的地位の濫用

金融機関が融資取引との関係で行う優越的地位の濫用には、「歩積・両建預金」があります。

歩積・両建預金

「**歩積預金**」とは、手形の割引に際して、割引を行う企業等に割引額の一部を預金させるもので、「**両建預金**」とは、融資に際して、融資額の一部を預金させるものです。いずれも返済が終わるまで預金を引き出すことができない拘束性預金です。金融機関間相互の過当な預金獲得競争に利用され、その結果、融資先は融資の表面金利を上回る実質金利を負担させられるため、過当な歩積・両建預金は独占禁止法の禁じる「優越的地位の濫用」と解され、違反すると一部業務停止と業務改善命令などを受ける場合があります。

ⅱ) 一般指定

① **共同の取引拒絶**

金融機関が正当な理由なく、他の金融機関と共同で特定の者と取引をしない場合には、共同の取引拒絶に該当する可能性があります。

② **抱き合わせ販売**

金融機関が顧客と融資取引をするに際して、金融機関の関連会社の商品やサービスを利用することを強制するような場合（たとえば、融資条件として金融機関の子会社の会員となることや法人のクレジットカードに加入させること）は、一般指定で禁止された抱き合わせ販売に該当する可能性があります。

③ **排他条件付取引**

金融機関が融資取引をするに際して、顧客に他の金融機関と取引しないことを強制すると、一般指定で禁止された排他条件付取引に該当する可能性があります。

④ **拘束条件付取引**

融資先企業に対して、金融機関の関連会社の競合企業が引き受ける有価証券の数量に一定の限度を設けるよう要請し、これを融資継続の条件とすることなどで、これは拘束条件として不公正な取引方法に該当する可能性があります。

⑤ 取引の相手方の役員選任への不当干渉等

そのほかにも、金融機関が不当に融資取引先の役員人事や財務に干渉することは、一般指定で禁止された役員人事への不当干渉や優越的地位の濫用に該当する可能性があります。

 ひとくちメモ：利益相反管理の必要性

ある行為が一方にとって利益になる場合に、相手方にとっては不利益になる状態を「利益が相反している」といいます。つまり、お互いの利益が一致していない状態が「利益相反」なのです。

平成21年6月1日に施行された「金融商品取引法等の一部を改正する法律」（平成20年法律第65号）は、金融グループにおけるファイアーウォール規制（銀行と証券というような業務内容の異なるグループ企業間の情報の共有等の規制）の緩和に伴い、顧客の利益を保護するため、顧客との間の利益相反を予防することを目的として、銀行法等の業法に「顧客の利益の保護のための体制整備」条項が加えられました。そして、金融庁は、平成21年5月に改正金商法に伴うファイアーウォール規制の見直しおよび利益相反管理体制の構築等にかかる政省令および監督指針の改正を公表しました。

改正法による銀行等または顧客間の利益相反管理体制の整備については、グループ企業間で情報を共有しない中小・地域金融機関に対しても義務付けられています。公共的な役割を果たす金融機関が社会的信頼を得るためにも、適切な利益相反管理は不可欠です。

3 法令等に違反する融資取引

❶浮貸し

出資法3条は、いわゆる浮貸しを禁止しています。**浮貸し**とは、「金融機関の役職員がその地位を利用し、自己または第三者の利益を図るため、金銭の貸付け、金銭貸借の媒介、債務の保証を行うこと」です。

ⅰ）浮貸しが禁止される理由

浮貸しが犯罪とされ、禁止されている理由は、金融機関の役職員がその地位を利用してサイドビジネスを行うことにより、金融機関に対する一般的な信頼が害され、さらに、預金者等に不測の損害を与える可能性が高い点にあります。

ⅱ）浮貸しの構成要件および罰則

浮貸しの構成要件は、①金融機関の役職員が、②その地位を利用して、③自己または第三者の利益を図るため、④金銭の貸付、金銭の貸借の媒介

（浮貸し等の禁止）
出資法第3条 金融機関（中略）の役員、職員その他の従業者は、その地位を利用し、自己又は当該金融機関以外の第三者の利益を図るため、金銭の貸付け、金銭の貸借の媒介又は債務の保証をしてはならない。

または債務の保証を行うことです。

これらの要件に説明を加えると次のとおりです。

第一に、「金融機関の役職員」とは、金融機関（銀行、信用金庫、労働金庫、信用協同組合および農業協同組合その他貯金の受入れを行う組合をいう）の従業員です。

次に、「その地位を利用して」とは、金融機関の従業員であることにより有する有利な立場を利用してという意味です。

また、「自己または第三者の利益を図るため」（「図利目的」といいます）とは、違反行為を行う従業員が当該従業員自身もしくは当該金融機関以外の第三者の利益を図る目的を有しつつ、当該違反行為をしなければならないという意味です。そして、ここに「利益」とは、財産上利益に限定されず、広く全ての利益を含むと解されています。問題となるのは、当該従業員が自己または第三者の利益を図る目的だけでなく、当該金融機関の利益を図る目的をも有していた場合ですが、このように目的が併存している場合でも、主たる目的が自己または第三者の利益を図る目的であれば、浮貸しが成立すると解されています。

最後に、禁止行為として列挙されている「金銭の貸付、金銭の貸借の媒介、債務の保証」について説明すると、「金銭の貸付」とは、文字通り金銭を貸し付けることであり、「金銭の貸借の媒介」とは、貸金の需要者と供給者を仲介斡旋することであって、「債務の保証」とは、金銭貸借につき、当該金融機関における肩書を利用して当該金融機関が保証を行ったように見せかける行為などです。

浮貸しに対する制裁として、浮貸しを行った者は、3年以下の懲役または300万円以下の罰金に処せられます（出資法8条）。

ⅲ）**具体例**

銀行の支店長について、浮貸しで有罪とされた事案として次の事件があります。

ア）事案の概要

A銀行甲支店の支店長Yは、いわゆる仕手筋であるBから融資の斡旋を依頼されたので、甲支店の顧客であるCら数名を紹介し、10億円ないし50億円の融資媒介を行ったとして出資法3条違反として起訴されました。Yは、A銀行の業務として、銀行の利益を図るために融資媒介を行ったから無罪であると主張しました。なお、本件ではYの後任の支店長

仕手筋：人為的に株価等の相場を操作し、利益を得ようとする投資家集団

として甲支店に赴任したZも融資媒介を行ったとして起訴されましたが、ZもYと同様に無罪を主張したのです。

イ) 裁判所の判断

この事案においては、第1審判決（東京地裁平成6年10月17日判決）は、Yを懲役1年6月に（3年間の執行猶予付）処しました。また、Zの刑事責任につき、裁判所はZが支店の顧客離れを防止するために行ったものであって、Zには自己または第三者の利益を図る目的がなかったとして無罪としました。

ところが、第2審判決（東京高裁平成8年5月13日判決）は、検察官の控訴についてはこれを受け入れ、Zに対して懲役8月執行猶予2年の判決を言い渡しました。すなわち、裁判所は、Zの職歴、甲支店に赴任した後の支店の個人流動性預金残高の推移、Zと前任者であるYのやりとり等を詳細に認定したうえ、「Zが本件融資の媒介に踏みきった主たる動機・目的は自らの支店長としての地位の保全ないし将来の昇進（保身）にあったことは明らかであり、仮に、Zにおいて、甲支店の大口顧客4名の支店離れを防ぐという意図があったとしても、本件融資の媒介が行われるに至った状況からすれば、それは従たるものであったことが認められ（さらに付言すれば、本件のような融資の媒介をしていては、これが発覚した際には、銀行の社会的信用を失墜させることになり、経済的にも銀行に損害をもたらすことになりかねないものであり、「銀行のため」といい得るものであるかは極めて疑問であることは明らかである。）、このような身分上の利益も図利目的の対象となる利益であるというべきであるから、Zの本件融資の媒介が図利目的の要件を充足するものであることは明らかである」としたのです。

この事件は、YとZが上告したのですが、最高裁判所も控訴審の判断を維持しています（Zについては上告中に死亡したので公訴が棄却されました）。

iv) **留意点**

上記事例は、銀行の支店長が出資法3条の罪で起訴された珍しい事案です。高裁の判断は、後任の支店長をも有罪とするものであり、常日頃競争を強いられる銀行員にとっては厳しい面もあるのですが、銀行の社会的信用の失墜に直結する銀行員の犯罪には全行をあげてコンプライアンス体制を確立して細心の注意を払う必要があるでしょう。

❷売春防止法に違反する融資

金融機関の支店長が融資取引における売春防止法違反にて有罪判決を受けた事案を紹介します。

ⅰ）売春防止法による罰則

売春防止法によれば、「売春」とは、「対償を受け、または受ける約束で、不特定の相手方と性交すること」であり、売春の勧誘周旋はもとより、資金の提供が独立した犯罪とされています。すなわち、「情を知って、第11条第2項の業に供する資金、土地または建物を提供した者は、5年以下の懲役および20万円以下の罰金に処する」とされています。要するに、事情を知りながら売春の場所を提供する資金等を提供した者が処罰されるということです（同法13条1項）。

ⅱ）事案の概要

A金融機関甲支店の支店長Yは、個室付浴場事業者Bに1,000万円を融資する決裁を得て、甲支店がBに融資をしました。ところが、Bが開業した個室付浴場においては、売春が行われており、Bが売春防止法11条の場所提供の罪によって起訴されたことが端緒となり、Yも同法13条1項の資金提供罪で起訴されました。

本件では、Yが「情を知って」いたことを否認したため、その点が争点とされています。

ⅲ）裁判所の判断

裁判所は、上記争点について、先例である最高裁判例を踏襲し、「情を知って」いたとは、行為者に資金等の提供を受ける者が売春を行う場所を提供することを業とすること、およびこの資金等をその業のために使用することについての認識があったことをいい、この認識はいずれも確定的な認識であることを要せず、未必的な認識で足りると判断しました。そして、未必的な認識の内容として、「同条項の認識としては、単に一般的、抽象的に知っているとか、その可能性があると認識しているだけでは足りず、当該資金等の提供を受ける者が、その当時、売春の場所提供を業とすることを認識しているか、またはそのことについて相当程度高い蓋然性で認識・予見可能な具体的事実を知っていたにもかかわらず、資金提供等の行為に出たかなどの事情が必要である」とし、Yの認識については、甲支店が個室付浴場の林立する地域を重点区域としており、この地区の個室付浴場ではほとんど売春を行っていると考えられること、Yが甲支店に7

年間勤務し、従来からの融資先であった特殊浴場協会会長Cなどから業況の説明を受けており、Bやその他の個室付浴場事業者と付き合いがあったこと等の間接事実を詳細に認定して、本件の「Yには、F地区のほとんどの個室付浴場では、売春が行われているとの認識、少なくとも行われているのではないかとの認識があったこと、本件融資金をその開業資金に使用することを、相当程度高い蓋然性で認識・予見することができる具体的事実」を認識したことは「情を知って」いたものと認定して、Yに対し、懲役6月および10万円の罰金を言い渡したのです。

蓋然性：ある事柄が起こる確実性の度合い

　ⅳ）コメント

　金融機関の業務として融資した支店長には、酷な結果かもしれませんが、違法行為を助長する融資は厳格に控えるべきです。

❸ 情実融資と（特別）背任罪

　金融機関の融資業務は、最終的に全額を返済することが予定されています。当然のことですが、当初から融資金全額を回収することが困難な先には融資をしないことになるはずです。

　ところが、何らかの理由から冒険的と思われるような融資が実行されることもあります。もちろん、正当な理由があれば、問題はないといえますが、融資担当者などが不当な理由から融資を行って、債権回収に支障が出れば、不正融資となり、責任問題が発生します。このような不正融資が情実融資であり、最悪の場合、担当者が刑法上の背任罪や会社法上の特別背任罪に問われる可能性があります。

　ⅰ）背任罪（刑法247条）

　刑法247条は、「他人のためにその事務を処理する者が、自己若しくは第三者の利益を図りまたは本人に損害を加える目的で、その任務に背く行為をし、本人に損害を加えたときは、5年以下の懲役又は50万円以下の罰金に処する」と定めています。

　たとえば、甲信用金庫（他人）のために融資事務を担当するA課長が、普段から接待を受けていた会社B（第三者）から、融資の申込みを受けて、回収の目途が立たないにもかかわらず、融資稟議を行うことは、第三者の利益を図る目的があるとされるでしょうし、A課長の行為は任務に背くものでしょう。そして、その結果、融資が実行された場合には、回収の目途が立っていないのですから、甲信金に損害が加えられたことになります。

ⅱ）特別背任罪（会社法960条1項）

会社法960条1項は、「次に掲げる者が、自己若しくは第三者の利益を図り又は株式会社に損害を加える目的で、その任務に背く行為をし、当該株式会社に財産上の損害を加えたときは、10年以下の懲役若しくは1,000万円以下の罰金に処し、又はこれを併科（懲役と罰金の両方が科されること）する」と定めています。

その主体となり得る者は、会社の役員や一定の権限のある重要な使用人であり、銀行の支店長はこれに該当します。したがって、背任行為を銀行の支店長が行えば、特別背任罪となり、重い刑罰の対象となります。

4 銀行取引約定書

融資業務は、顧客から預かった資金を、借入を必要とするお客さまへ融資（貸付）する仕事です。融資の実行は顧客と金融機関が融資のための契約を結び、そのうえで金融機関が資金を貸すのです。

❶で説明したように、融資を実行する際、担当者は融資先（取引先）に対して、融資についての説明責任を果たさなければなりません。そのためには、担当者自身が必要書類等の内容を十分理解しておくことが大切です。

他方、銀行がお客さま（法人や個人事業者）とはじめて融資取引（与信取引）を行う際には、必ず銀行とお客さまとの間で銀行取引約定書を交わす（締結する）ことになっています。

融資取引は、多数のお客さまを相手として、継続・反復して行われます。そして、銀行と融資先との間では、いろいろな法律関係が生じてきます。その関連する法律として、民法のほか、会社法、手形法、小切手法などの法律があります。しかし、その法律は抽象的で一般論であり、実務のうえでは具体的内容が不明確な部分もあります。

そこで、融資先との間で具体的な契約を締結してから取引関係に入る必要があります。融資先と銀行がそれぞれ銀行取引約定書に署名（記名）捺印して、契約が成立しますと、銀行と融資先の間の融資取引では、この約定書が優先的に適用されることになります。つまり、**融資取引の基本的な契約書**が銀行取引約定書ということになるわけです。

銀行取引約定書は、融資取引の基本的な契約書

融資関係の約定書は、企業用と消費者用に大別され、銀行取引約定書は個人事業者を含む企業との融資取引の基本約定書です。

これは、融資取引を開始するときに、銀行と融資先との融資取引を円滑

にするために、融資取引のうえで生ずる権利と義務のうちもっとも基本的な事項について契約を締結するものです。

また、銀行取引約定書を利用する理由として、融資取引が発生するたびに契約書を取り交わす手間を省き、融資契約についての法律ではカバーできない部分を補充することがあげられます。特に、手形貸付においては、融資に際して約束手形の現物を受け入れるだけですから、その契約内容は、銀行取引約定書によることになります。

また、銀行取引約定書に法律の任意規定と異なる条項を盛り込むことによって、法律による不都合な結果を回避することができます。かかる条項が盛り込まれていることは、金融機関にとってメリットとなります。

金融機関の職員にとっては、融資業務に携わるにあたり、銀行取引約定書の理解を深めることが必要不可欠です。そして、それが将来のトラブル発生を未然に防止する重要な手段であることにも注目してください。

なお、銀行取引約定書は、全国銀行協会によって昭和37年に「ひな型」が制定され、各銀行ではこのひな型をベースに融資取引が行われてきましたが、平成12年4月、金融自由化や金融取引の公正化などの理由から、全国銀行協会はこのひな型を廃止しました。このような背景のもと、各銀行では独自に銀行取引約定書を見直すことが望まれるようになり、現在ではすべての銀行が銀行取引約定書を策定しています。

5 経営者保証に関するガイドライン

中小企業の経営者による個人保証については、経営者への規律付けや信用補完として資金調達の円滑化に寄与する面がある一方、貸し手側の説明不足や過大な保証債務負担の要求、あるいは不明確な保証債務の履行基準、そして残存債務等の課題が経営者による思い切った事業展開や、保証後の経営が苦境に陥った場合における早期の事業再生を阻害する要因となっているなど、企業の活力を阻害する面もあり、さまざまな問題が存在していました。

このため、平成25年12月に、日本商工会議所と全国銀行協会が共同で「経営者保証に関するガイドライン」を策定、平成26年2月から適用が開始されています。ここで、ガイドラインの概要を説明しておきます。

❶経営者保証に依存しない融資の一層の推進

経営者保証に依存しない融資の一層の推進のため、債務者、保証人、お

> 経営者保証を提供しない場合の条件

よび債権者（金融機関）は、それぞれ対応に努めます。

　金融機関は、在庫（原材料、商品）や機械設備、売掛金などの資産を担保とする融資（ABLといいます）など**経営者保証の機能を代替する融資手法**のメニューの充実を図ります。また、債務者が経営者保証を提供せずに資金調達を希望する場合は、以下のような経営状況であることが必要です。

　① 業務、経理、資産等に関し、法人と経営者の関係を明確に区分・分離。
　② 財務状況や経営成績の改善を通じた返済能力の向上等による信用力の強化。
　③ 債権者に対し、財務状況に関する信頼性の高い情報を開示・説明。

❷経営者と保証契約を締結する場合の債権者の対応

　やむを得ず保証契約を締結する場合等には、以下の対応に努めます。　　　保証契約締結時の対応

　① 債務者や保証人に対して、保証契約の必要性、必要性の解消された場合の保証契約の変更・解除等見直しの可能性等について丁寧かつ具体的に説明する。
　② 保証金額は、形式的に保証金額を融資額と同額にするのではなく、保証人の資産および収入の状況、融資額、債務者の信用状況等を総合的に勘案して適切な保証金額を設定する。
　③ 保証債務の整理に当たり、保証履行請求額に一定の基準日以降の保証人の収入は含まないなどの適切な対応を誠実に実施する旨を保証契約に規定する。

❸既存の保証契約の適切な見直し

　債務者および保証人から既存の保証契約の解除等の申入れがあった場合は、その事由により債権者（金融機関）は、経営者保証の必要性や適切な保証金額等について、真摯かつ柔軟に検討を行い、その検討結果を主債務者および保証人に丁寧かつ具体的に説明する必要があります。

❹保証債務の整理

ⅰ）保証債務の整理の手続

　「主たる債務と保証債務の一体整理」を図る場合と、「保証債務」のみを整理する場合があります。原則として、主債務との一体整理を図るように努めることになりますが、具体的には、主たる債務者の弁済計画に、保証人による弁済も含めて策定します。基本的な考え方としては、法的債務整理手続に伴う事業の継続を妨げないこと、保証債務の整理についての合理

第Ⅱ章 コンプライアンスの実践

性、客観性および対象債務者間の公平性を確保するといったことが求められます。

ⅱ）経営者の経営責任のあり方

一律かつ形式的に経営者の交代を求めず、経営者が引き続き経営に携わることに経済合理性が認められる場合は、これを許容します。

ⅲ）保証債務の履行基準（残存資産の範囲）

① 債権者（金融機関）は、保証人が手元に残すことのできる残存資産の範囲の決定に関し、保証人の履行能力、経営者たる保証人の経営責任や信頼性、破産手続における自由財産（破産法により破産財団に属しないとされる財産）の考え方との整合性等を総合的に勘案する。

② 保証人は自らの資力の情報開示、資産の状況を表明保証し、保証人の債務整理を支援する弁護士、公認会計士、税理士等の専門家（支援専門家）が情報の正確性を確認する。

③ 債権者は、保証人の要請を受け、回収見込額を考慮し、経営者の安定した事業継続、事業清算後の新たな事業の開始等のため、一定期間の生計費に相当する額や華美でない自宅等を残存資産に含めることを検討する。

④ 事業継続に必要な資産は、保証人から法人に譲渡し、保証債務の返済原資から除外する。

ⅳ）保証債務の一部履行後に残存する保証債務の取扱い

保証債務の弁済計画の経済合理性を認定した債権者は、保証人が表明保証した資力が事実に反した場合には、追加弁済する旨の契約の締結等の要件が充足されれば、残存する保証債務の免除に誠実に対応します。

ガイドラインは、経営者保証における合理的な保証契約のあり方等を示すとともに、債務の整理局面における保証債務の整理を公正かつ迅速に行うための基準であり、中小企業団体および金融機関団体が中立公平な学識経験者や専門家とともに協議を重ねて作成されたものです。法的な拘束力はありませんが、債務者、保証人および債権者によって自発的に尊重され、遵守されることが期待されています。

7 金融商品の販売・勧誘とコンプライアンス

　銀行等の金融機関は、預金だけではなく、投資信託や保険商品などの多様な金融商品を取り扱っています。個人や法人のお客さまにこれらの金融商品を紹介し、販売しているのです。お客さまに金融商品を説明して勧めることを勧誘といいます。金融商品をお客さまに勧誘するには、次のような法令等による規制があります。

❶金融商品取引法

　金融商品取引法は、多面的な法律ですが、金融商品取引業者等（銀行等の金融機関は、「登録金融機関」としてこれに含まれます）が金融商品を勧誘販売することについて、多くの規制を設けています。この法律は、銀行等の登録金融機関にとって、業法と位置付けられますから、登録金融機関がこの法律に違反した場合には、監督官庁である金融庁から行政処分を受ける可能性があります。

❷金融商品販売法

　金融商品販売法は、銀行等の金融機関（証券会社や保険会社を含みます）が金融商品を販売するに際して、必要となる説明義務等を規定しています。この法律は、金融商品を勧誘販売した金融機関とお客さまに直接適用される法律であり、業法と異なり、私法ですから、裁判になった場合、裁判所はこの法律を根拠に金融機関に対して損害賠償責任を認めることができます。

❸日本証券業協会による自主規制規則等

　日本証券業協会（日証協）は、金融商品取引法によって認定された自主規制団体です。つまり、単純な業界団体ではなく、監督官庁のお墨付きを得た公的な団体として、加盟している金融機関を指導監督する立場にあるのです。したがって、日証協の自主規制規則等のルールは、日証協に加盟している金融機関に強い効力を持っています。後記のとおり、平成25年10月に日証協が策定した「高齢顧客への勧誘による販売に係るガイドライン」は、高齢者に対して投資信託を勧誘販売することに関して多くの規制をしています。

高齢顧客への勧誘による販売に係るガイドライン
☞ p.92

❹銀行法

銀行法には、銀行が顧客に対して行うべき情報提供義務と元本保証のない外貨建預金（特定預金等契約）の勧誘販売について、前記金融商品取引法の行為規制の多くが準用されることが明示されています。

❺保険業法

銀行等の金融機関が保険商品をお客さまへ勧誘販売するには、保険業法の規制を遵守する必要があります。平成26年に改正された保険業法は、顧客の意向確認義務や保険商品に関する情報提供義務などを採用しており、その規制内容は複雑です。加えて、銀行等の金融機関に対しては、勧誘対象などについて、保険会社と異なるより厳格な規制がされています。

❻消費者契約法

消費者契約法は、消費者を保護するための法律であり、平成21年9月、消費者行政の「舵取り役」として消費者庁が設置されたことにより、極めて重要な法律となりました。金融機関は、金融商品を勧誘販売するに際し、消費者契約法を遵守した勧誘方法をとらなければ、契約が取り消される可能性があります。

1 金融商品取引法

❶金融商品取引法とは

金融商品取引法は、平成19年9月30日に施行された法律ですが、証券取引法を改正した法律です。この法律の目的は、投資者保護にありますから、金融商品取引業者を原則として登録制にし、投資勧誘にさまざまな規制をしています。

❷登録金融機関

わが国の法制度上、銀行等の金融機関は、原則として有価証券関連業務（従来の証券業務）ができないことになっています。これを「**銀・証分離原則**」と呼んでおり、金融商品取引法もこの原則を維持しています（同法33条1項）。

しかし、上記原則にかかわらず、書面取次行為、一定の有価証券または取引に関する行為などは、内閣総理大臣（金融庁）の登録を受けて行うことができます（同法33条2項・3項、33条の2）。この例外的措置によって、銀行等の金融機関は、登録を受けて投資信託の勧誘販売ができ、登録を受けた金融機関ですから「登録金融機関」と呼ばれています。なお、金

融商品取引法上は、「金融商品取引業者等」と記載されている場合には、金融商品取引業者のみならず登録金融機関を含むものとされています。

❸登録金融機関の義務（行為規制）

金融商品取引法（以下、金商法）は、登録金融機関に対して次のような義務を課しています。

ⅰ）顧客に対する誠実義務（同法36条1項）
ⅱ）標識掲示義務（同法36条の2）
ⅲ）名義貸しの禁止（同法36条の3）
ⅳ）広告等の規制（同法37条）
ⅴ）取引態様の事前明示義務（同法37条の2）
ⅵ）契約締結前の書面の交付義務（同法37条の3）
ⅶ）契約締結時等の書面の交付義務（同法37条の4）
ⅷ）勧誘における禁止行為（同法38条）
ⅸ）損失補てん等の禁止（同法39条）
ⅹ）適合性の原則（同法40条）

以下では上記に列挙した行為規制について個別に説明をします。

ⅰ）誠実公正義務（金商法36条1項）

金商法36条1項は、「金融商品取引業者等並びにその役員及び使用人は、顧客に対して誠実かつ公正に、その業務を遂行しなければならない」と定めています。この義務に違反しても刑罰による制裁はありませんが、金融商品取引業者等の根源的な義務ですから、銀行等の登録金融機関に勤務する職員は、この義務を常に念頭において顧客のためにその業務を遂行すべきです。

ⅱ）標識掲示義務（金商法36条の2）

金融商品取引業者等は、営業所または事務所ごとに、公衆の見やすい場所に、登録番号、加入している金融商品取引業協会などを記載した内閣府令で定める様式の標識を掲示しなければなりません（同法36条の2第1項）。金融商品取引業者等がこの義務に違反した場合、30万円以下の罰金に処せられます（同法205条の2の3第3号）。

ⅲ）名義貸しの禁止（金商法36条の3）

金融商品取引業者等は、自己の名義をもって、他人に金融商品取引業（登録金融機関にあっては登録金融機関業務）を行わせてはなりません。

第Ⅱ章　コンプライアンスの実践

名義貸しとは、内閣総理大臣の登録を受けた金融商品取引業者等以外の者が自己以外の者にその名義を貸して金融商品取引業等を行わせることです。このような行為が行われることは、詐欺的な商法の温床となるので、禁止されているのです。

金融商品取引業者等がこの義務に違反した場合、3年以下の懲役もしくは300万円以下の罰金に処せられ、または併科されます（同法198条2号）。さらに、会社のような法人については、3億円以下の罰金に処せられます（同法207条1項3号）。

ⅳ）広告等の規制（金商法37条）

(1) 広告等への表示義務

金融商品取引業者等は、広告その他これに類似するものとして内閣府令で定める行為をするときは、次に掲げる事項を表示する必要があります。

① 当該金融商品取引業者の商号、名称または氏名
② 金融商品取引業者である旨および当該金融商品取引業者の登録番号
③ 当該金融商品取引業者の行う金融商品取引業の内容に関する事項であって、顧客の判断に影響を及ぼすこととなる重要なものとして政令で定める事項

なお、上記法律を受けた金商法施行令および内閣府令には、表示すべき事項や表示方法に関する事項が詳細に規定されています。

(2) 不当表示の禁止

金融商品取引業者等は、その行う金融商品取引業に関して広告その他これに類似するものとして内閣府令で定める行為をするときは、金融商品取引行為（金商法2条8項に定める行為）を行うことによる利益の見込みその他内閣府令で定める事項について、著しく事実に相違する表示をし、または著しく人を誤認させるような不当な表示をしてはなりません。

金融商品取引業者等が(1)または(2)の義務に違反すると、6月以上の懲役もしくは50万円以下の罰金に処せられ、または併科されます（同法205条10号・11号）、会社等の法人についても、50万円以下の罰金に処せられます（同法207条1項6号）。

ⅴ）取引態様の事前明示義務（金商法37条の2）

金融商品取引業者等は、顧客から有価証券の売買または店頭デリバティブ取引に関する注文を受けたときは、あらかじめその者に対して「自己がその相手方となって当該売買若しくは取引を成立させるか、又は媒介し、

取次し、若しくは代理して当該売買若しくは取引を成立させるかの別」を明らかにしなければなりません。この規定により、金融商品取引業者等は、取引に先立って顧客との利益相反の有無を明確に告知しなければならないのです。

vi）契約締結前交付書面（金商法37条の3）

金融商品取引業者等は、金融商品取引契約（顧客を相手方とし、または顧客のために金融商品取引行為を行うことを内容とする契約）を締結しようとするときは、内閣府令で定めるところにより、事前に顧客に対し、次の事項を記載した書面を交付する必要があります。ただし、投資者保護に支障を生ずることがない場合として内閣府令で定める場合は、この限りではありません。

⑴　金融商品取引業者の商号、名称または氏名および住所
⑵　金融商品取引業者等である旨および登録番号
⑶　当該金融商品取引契約の概要
⑷　手数料、報酬その他の当該金融商品取引契約に関して顧客が支払うべき対価に関する事項であって内閣府令で定めるもの
⑸　顧客が行う金融商品取引行為について金利、通貨の価格、金融商品市場における相場その他指標にかかる変動により損失が生ずることとなるおそれがあるときはその旨
⑹　⑸の損失の額が顧客の預託すべき委託証拠金その他の保証金その他内閣府令で定めるものの額を上回るおそれのあるときはその旨
⑺　上記以外に顧客の判断に影響を及ぼすこととなる重要なものとして内閣府令で定める事項（内閣府令82条）
　①　当該契約締結前交付書面の内容をよく読むべき旨
　②　元本欠損、元本超過損失が生ずるおそれがある場合の原因となる指標等と理由
　③　当該金融商品取引契約に関する租税の概要
　④　契約終了事由の内容
　⑤　クーリング・オフ規定の適用の有無と内容
　⑥　業者等の概要等
　⑦　業者等が行う金融商品取引業の内容および方法の概要
　⑧　顧客が業者等に連絡する方法
　⑨　業者が加入している金融商品取引業協会の名称と対象事業者とな

っている認定投資者保護団体の有無と名称

⑩ 指定紛争解決機関に関する情報等

この義務に違反した者は、6月以下の懲役もしくは50万円以下の罰金または併科されることになります（同法205条12号）。会社等の法人についても50万円以下の罰金に処せられます（同法207条1項6号）。

指定紛争解決機関☞ p.88

vii) 契約締結時等の書面の交付義務（金商法37条の4）

金融商品取引業者等は、金融商品取引契約が成立したとき、その他内閣府令で定めるときは、遅滞なく、内閣府令で定めるところにより書面を作成し、顧客に交付しなければなりません。

この義務に違反した者は、6月以下の懲役もしくは50万円以下の罰金に処せられ、または併科されることになります（同法205条12号）。会社等の法人についても50万円以下の罰金に処せられます（同法207条1項6号）。

viii) 勧誘における禁止行為（金商法38条）

金融商品取引業者等またはその役員もしくは使用人の勧誘における禁止行為は次のとおりです。

(1) 金融商品取引契約の締結またはその勧誘に関して、顧客に対し虚偽のことを告げる行為

(2) 顧客に対し、不確実な事項について断定的判断を提供し、または確実であると誤解させるおそれのあることを告げて金融商品取引契約の締結の勧誘をする行為

(3) 顧客に対し、金商法の登録を受けていない者が付与した信用格付について、その者が登録を受けていないこと等のほか内閣府令で定める事項を告げることなく情報を提供して、金融商品取引契約の締結を勧誘する行為

(4) 金融商品取引契約（政令で定めるものに限る）の締結の勧誘を要請していない顧客に対し、訪問しまたは電話をかけて、金融商品取引契約の締結の勧誘をする行為

(5) 金融商品取引契約（政令で定めるものに限る）の締結につき、その勧誘に先立って、顧客に対し、その勧誘を受ける意思の有無を確認することをしないで勧誘をする行為

(6) 金融商品取引契約（政令で定めるものに限る）の締結の勧誘を受けた顧客が当該金融商品取引契約を締結しない意思表示（当該勧誘を引

き続き受けることを希望しない意思を含む）を表示したにもかかわらず、当該勧誘を継続する行為

(7) その他投資者の保護に欠け、もしくは取引の公正を害し、または金融商品取引業の信用を失墜させるものとして内閣府令で定める行為

ix）損失補てん等の禁止（金商法39条）

金融商品取引業者等が顧客に対して損失保証や損失補てんをすることが禁止されています。

損失保証とは、投資信託の売買等の取引について、投資の結果損失が発生した場合や予定した利益が生じなかった場合に、金融商品取引業者等がその損失等を補てんする約束をすることであり、そのような約束の有無にかかわらず、損失等を補てんすることが**損失補**てんです。

> 損失保証と損失補てん

損失補てんには、証券事故による例外があります。金融商品取引業者等の職員による不正行為や過誤によって、顧客に損害を与えた場合には、金融商品取引業者等が損害賠償責任を負うこととなります。したがって、そのような場合には、金融商品取引業者等の損害賠償（損失補てん）が適法とされているのです。

損失補てんには、罰則があります。すなわち、損失補てんを行った金融商品取引業者等またはその役職員は、3年以下の懲役もしくは300万円以下の罰金に処せられ、または併科されます（同法198条の3）。そして、会社等の法人である金融商品取引業者等には、3億円の罰金が科せられます（同法207条1項3号）。

x）適合性の原則（金商法40条）

適合性の原則とは、金融商品取引業者等が投資勧誘等に際して、**投資者の知識、経験、財産状況**および**投資目的等**に鑑みて、**不適当と認められる勧誘**を行ってはならないとするものです。この原則は、金融商品取引における投資者保護の観点から導き出された重要な原則であり、有価証券等を扱い、投資勧誘等を行う金融商品取引業者等を律する基本原則と考えることができます。

> 投資者の知識、経験、財産状況、投資目的等からみて不適当と認められる勧誘を行ってはならない

一般的に適合性の原則には、狭義と広義のものがあり、「狭義には、一定の利用者に対してはいかに説明を尽くしても一定の金融商品の販売・勧誘を行ってはならないという意味であり、広義には、利用者の知識・経験、財産力、投資目的等に照らして適合した商品・サービスの販売・勧誘を行わなければならないといった意味」であると解されています。

金融商品取引業者等は、この原則を貫徹するため、顧客の属性を知り、その顧客に合致した金融商品を勧誘すべきであり、顧客が望むからといって当該顧客に合致しない金融商品を販売してはなりません。

そこで、金融商品取引業者等は、適合性原則に合致した勧誘を行わなければなりませんが、そのために顧客の属性を明確に把握する必要があります。すなわち、金融商品取引業者等は、顧客の知識、経験、財産の状況および投資目的を顧客から聴取し、これらの諸要素を配慮して適切な金融商品を勧誘すべきなのです。たとえば、投資目的が老後の生活資金を確実に増やすことにあれば、リスクの高い金融商品を勧誘することはできません。にもかかわらず勧誘販売を行えば適合性原則違反として、金融商品取引業者等が不利益を受ける可能性があります。

❹ 金融ADR

金商法は毎年改正されていますが、平成21年改正により、裁判外紛争解決制度（金融ADR）が創設されています。すなわち、利用者保護を充実させるため、金融ADRを導入したのです。その制度の概要は、次のとおりです。

まず、金融機関と顧客との紛争を解決する機関（**紛争解決機関**）を民間団体からの申請により主務大臣が指定します。指定の要件は、紛争解決能力（技術的基礎と経理的基礎を有すること）があること、役職員の構成が紛争解決業務の公正な実施に支障を及ぼさないこと、業務規程について一定割合以上の金融機関が異議を述べていないことなどです。

指定紛争解決機関は、金融機関の業態ごとに創設されることになります。銀行業界では全国銀行協会が、金融庁長官および農林水産大臣の指定を受け、銀行法および農林中央金庫法上の指定紛争解決機関としての業務を行っています。

金融機関は指定紛争解決機関が存在する以上、当該機関と契約を締結しなければなりません。そして、顧客が指定紛争解決機関を利用するような紛争がある場合には、紛争解決機関に出頭し、事実を開示し、調停に応じることとなります。特筆すべきは、弁護士等からなる紛争解決委員が提示した和解案（特別調停案）を尊重し、訴訟にする場合以外は、この調停案に応諾する義務があることです。

> 金融機関と顧客とのトラブルを、業界ごとに設立された指定紛争解決機関が裁判以外の方法で解決を図る

2 金融商品販売法による説明義務等

　金融商品販売法は、銀行等の金融機関が投資信託等の金融商品を取り扱うことができるようになったことから、平成13年4月1日から施行されている法律です。そして、その内容は、目的（同法1条）にあるように、金融商品販売業者が金融商品の販売に際し、**顧客に説明をすべき事項**等を明示し、販売業者が説明をしなかったことにより顧客に損害が生じた場合における販売業者の責任に関する特則を規定し、販売業者が行う**勧誘の適正確保**のための措置を定めるものです。

　平成18年改正前の金融商品販売法では、市場リスクまたは信用リスクのある金融商品については、元本欠損のおそれある旨と指標を説明すれば足りるとされていました。また、上記2類型以外では、権利行使期間または契約解除期間に制限のある場合につき、その旨を説明すれば足りていました。

　しかし、金融商品が複雑化しつつ、一般顧客へ浸透している現代においては、上記事項だけでは説明不足は否めません。そこで、金融商品取引法の改正に伴い、金融商品販売法の説明義務も改正されています（以下、改正後の金融商品販売法を「改正金販法」という）。

❶説明事項の範囲の拡大

　改正金販法が規定する説明義務は、次のとおりです（同法3条1項）。

ⅰ）当該金融商品の販売について、金利、通貨の価格、金融商品市場における相場その他の指標にかかる変動を直接の原因として、**元本欠損**が生ずるおそれがあるときは、次の事項を説明しなければなりません（同項1号）。

> 金利等の変動を直接の原因として元本欠損が生ずるおそれがあるとき

① 元本欠損が生ずるおそれがある旨

② 当該指標

③ ②の指標にかかる変動を直接の原因として、元本欠損が生ずるおそれを生じさせる当該金融商品の販売にかかる取引の仕組みのうちの重要な部分

　市場リスクある金融商品の説明は、従来①と②だけでよかったのですが、当該金融商品について、なぜ元本欠損が生ずるかを取引の仕組みの重要部分を説明しなければなりません。たとえば、外貨預金では現行の為替レートと将来の為替レートまたは現実に両替する場合の価

第Ⅱ章 コンプライアンスの実践

　　　格等をも含めて、わかりやすくかつ詳細に行う必要があります。

　ⅱ）当該金融商品の販売について、金利、通貨の価格、金融商品市場における相場その他の指標にかかる変動を直接の原因として、**当初元本を上回る損失**が生ずるおそれがあるときは、次の事項を説明しなければなりません（同項2号）。

　　① 当初元本を上回る損失が生ずるおそれがある旨
　　② 当該指標
　　③ ②の指標にかかる変動を直接の原因として、当初元本を上回る損失が生ずるおそれを生じさせる当該金融商品の販売にかかる取引の仕組みのうちの重要な部分

　　これは改正金販法によって新設された規定です。市場リスクある金融商品であって元本を上回る損失が生ずるおそれのあるものについて規定したのです。たとえば、信用取引等で損失を抱え、預託している証拠金以上の損失が出る場合などが考えられます。

〔欄外〕金利等の変動を直接の原因として当初元本を上回る損失が生ずるおそれがあるとき

　ⅲ）当該金融商品の販売について、当該金融商品の販売を行う者その他の者の業務または財産の状況の変化を直接の原因として、**元本欠損**が生ずるおそれがあるときは、次の事項を説明しなければなりません（同項3号）。

　　① 元本欠損が生ずるおそれがある旨
　　② 当該者
　　③ ②の者の業務または財産の状況の変化を直接の原因として、元本欠損が生ずるおそれを生じさせる当該金融商品の販売にかかる取引の仕組みのうちの重要な部分

〔欄外〕金融商品販売業者等の事情により元本欠損が生ずるおそれがあるとき

　ⅳ）当該金融商品の販売について、当該金融商品の販売を行う者その他の者の業務または財産の状況の変化を直接の原因として、**当初元本を上回る損失**が生ずるおそれがあるときは、次の事項を説明しなければなりません（同項4号）。

　　① 当初元本を上回る損失が生ずるおそれがある旨
　　② 当該者
　　③ ②の者の業務または財産の状況の変化を直接の原因として、当初元本を上回る損失が生ずるおそれを生じさせる当該金融商品の販売にかかる取引の仕組みのうちの重要な部分

　　信用リスクについて当初元本以上の損失の出る類型に関する説明義

〔欄外〕金融商品販売業者等の事情により当初元本を上回る損失が生ずるおそれがあるとき

務について規定したものです。

v) 上記 i および iii に該当するもののほか、当該金融商品の販売について、顧客の判断に影響を及ぼすこととなる重要なものとして政令で定める事由を直接の原因として、**元本欠損**が生ずるおそれがあるときは、次の事項を説明しなければなりません（同項5号）。

① 元本欠損が生ずるおそれがある旨
② 当該事由
③ ②の事由を直接の原因として元本欠損が生ずるおそれを生じさせる当該金融商品の販売にかかる取引の仕組みのうちの重要な部分

その他の事由により元本欠損が生ずるおそれがあるとき

vi) 上記 ii および iv に該当するもののほか、当該金融商品の販売について、顧客の判断に影響を及ぼすこととなる重要なものとして政令で定める事由を直接の原因として、**当初元本を上回る損失**が生ずるおそれがあるときは、次の事項を説明しなければなりません（同項6号）。

① 当初元本を上回る損失が生ずるおそれがある旨
② 当該事由
③ ②の事由を直接の原因として、当初元本を上回る損失が生ずるおそれを生じさせる当該金融商品の販売にかかる取引の仕組みのうちの重要な部分

その他の事由により当初元本を上回る損失が生ずるおそれがあるとき

改正法は、上記 i ないし vi 以外にも政令でより詳細に説明が必要な取引を規定しています。

vii) 当該金融商品の販売の対象である権利を行使することができる期間の制限、または当該金融商品の販売にかかる契約の解除をすることができる期間の制限があるときは、その旨（同項7号）。

権利行使期間または契約解除期間の制限があるとき

これは従来から規定されていた権利行使期間または契約解除期間に制限のある金融商品に関する説明事項です。

❷説明の方法と程度

改正金販法は、3条2項に説明の方法と程度に関する規定を新設しました。すなわち、「前項の説明は、**顧客の知識、経験、財産の状況**及び当該金融商品の販売に係る**契約を締結する目的**に照らして、当該顧客に理解されるために必要な方法及び程度によるものでなければならない」とされているのです。これは適合性の原則を金融商品販売業者の説明義務に採用したものであり、この条文にある「顧客の知識、経験、財産の状況及び当該金融商品の販売に係る契約を締結する目的」は、金商法40条に規定さ

適合性原則を説明義務にも採用

ている**適合性の原則**の諸要素にほかなりません。金商法の適合性原則は勧誘に関するものですが、改正法では、説明義務に関するものとして採用されたことにもなります。したがって、金融商品販売業者は、顧客の属性と契約の目的を考慮して、顧客に理解されるために必要な方法と程度で説明をしなければなりません。

❸ 断定的判断の提供等の禁止

　改正金販法4条は、**断定的判断の提供**の禁止も新設しています。すなわち、金融商品販売業者等は、不確実な事項について断定的判断を提供し、または確実であるとの誤解の生じさせるおそれのあることを告げる行為を行ってはならないとされているのです。

❹ 効　果

ⅰ）損害賠償責任（5条）

　金融商品販売業者等が3条の規定による重要事項の説明をしなかった場合、または4条の規定に反して断定的判断の提供をしたときには、無過失責任を負います。

ⅱ）損害額の推定（6条）

　上記ⅰの場合において、元本欠損額を顧客の受けた損害額と推定されます（同条1項）。

　元本欠損額とは、顧客の支払った金銭または支払うべき金銭の合計額から、顧客の取得した金銭または取得すべき金銭の合計額を控除した金額です（同条2項）。

3 高齢者への金融商品販売と日証協ルール

　平成25年、日本証券業協会（日証協）において、高齢者に対する投資商品の勧誘販売ルールの見直しが行われました。日証協は、同年10月29日に規則を改正して「高齢顧客への勧誘による販売に係るガイドライン」を策定し公表したのです。この高齢者に対する投資商品の勧誘販売ルールの見直しは、自主規制規則の追加とガイドラインの新設だけでなく、金融庁の監督指針の改正を伴うことから、銀行等の金融機関にも大きな影響を与えるものとなりました。

　従来から多くの銀行が高齢者取引について行内ルール等を定めており、裁判所は、行内ルール違反にも厳しい判断を下すことが多かったのですが、監督指針やガイドラインの項目とされるとその重みは一段と増しま

> 高齢者に対する投資商品の勧誘販売ルールの見直し

7 金融商品の販売・勧誘とコンプライアンス

す。したがって、銀行等の金融機関においてはガイドラインを遵守しなければならなくなったのです。

❶金融機関の具体的な対応方法

ⅰ）社内ルールの策定（改正）および必要書類等の整備

① 規程の整備

金融機関は、現行の行内規程を日証協ガイドラインに適合するものに改正しなければなりません。ガイドラインが自主規制機関のミニマムスタンダードだからです。なお、ガイドラインでは、75歳以上の顧客が高齢顧客とされ、うち80歳以上の顧客について、より厳格な勧誘販売ルールが示されています。

② 書類等の整備

金融機関は、ガイドラインにて必要とされている買付指示書等の書面を事前に準備すべきです。

ⅱ）営業拠点における周知徹底等

金融機関は、各営業拠点に新たなルールを周知徹底し、態勢を整備のうえ、運用しなければなりません。

ⅲ）モニタリング

ガイドラインでは、新たなルールが遵守されているかをモニタリングすべきとされていますから、モニタリングが必要となります。

❷勧誘・販売における留意点

ⅰ）勧誘前の事前承認

金融機関は、75歳以上の顧客に勧誘留意商品（一定以上のリスクがあると考えられる投資商品）の勧誘を行う場合には、事前に役席者が面談または電話等によって会話をする方法で**投資意向等の確認**を行い、勧誘に適していることを判断したうえで行う必要があります。

> 役席者による投資意向等の事前承認

事前承認は、役席者が当該顧客と話をして行いますが、その際、挨拶だけで済ませるのではなく、健康状態や投資意向などを徴収して、会話が円滑に成立するかなどの観点から、当該商品の勧誘を行うに適しているかを検討しなければなりません。

ⅱ）店頭における勧誘と販売（80歳以上の顧客）

① 原　則

80歳以上の顧客には、勧誘当日に販売できず、翌日以降、役席者が改めて受注を行う必要があります。

> 約定結果の確認・連絡が必要

② 例　外
- 家族同伴事例：担当者の勧誘後、顧客が商品内容を理解して、購入を希望した場合において、同伴家族がこれに同意しその旨を記載した買付指示書に署名した後、顧客から買付指示書に署名をもらえれば、当日に担当者のみで受注することができます。
- 高齢顧客単独来店（役席者同席）事例：担当者の勧誘に役席者が同席し、担当者の説明と高齢顧客の理解度等を確認できた場合には、当日受注が可能です。

③ 約定結果の確認・連絡

上記いずれの場合も顧客が80歳以上であることから、約定結果の確認・連絡が必要となります。

iii）**外交先における勧誘と販売（80歳以上の顧客）**

外交先、特に顧客の自宅における勧誘留意商品の勧誘および販売については、家族同席事例において家族が同意した場合にのみ即日受注可能です。それ以外は、翌日以降受注となります。

なお、顧客が80歳以上ですから、**約定結果の確認・連絡**が必要です。

iv）**電話における勧誘と販売（80歳以上の顧客）**

この場合にも、原則として即日受注はできません。

v）**インターネットにおける勧誘と販売**

ガイドラインにあるとおり、高齢顧客がインターネットを利用して勧誘留意商品を購入する場合は、ガイドラインの適用がありません。

vi）**即日受注ができる場合**

ガイドラインによれば、翌日以降の受注が原則とされる場合（店頭における役席者不在、外交先、電話）であっても、一定の要件を充足すれば即日受注が可能であるとされています。その要件は次のとおりです。

① 当該高齢顧客が商品内容を十分に理解していること

以前に同種の商品を購入した経験がある等、当該高齢顧客がその商品の内容を十分に理解していると考えられる場合です。

② 即日受注を正当化できるやむを得ない事情

やむを得ない事情として例示されているのは、「翌日から旅行で不在になる高齢顧客が、保有している商品と同一の商品を追加買付けする場合、保有商品が償還となり、いわゆるロールオーバー（一時的に同一通貨建てのMMFに入金する場合を含む）をする場合等」です。

ロールオーバー：先物やオプション取引で、取引最終日までに決済日が近い期近物から期先物へ乗り換えること

7 金融商品の販売・勧誘とコンプライアンス

vii）約定結果の確認・連絡

80歳以上の高齢顧客への投資信託販売については、約定後、販売担当者以外の者から約定結果を連絡し、当該高齢顧客の取引に対する認識を確認しなければなりません。高齢顧客に取引内容をいわば念押しすることにより、その有効性を確定させるとの意味合いがあります。

① 確認主体

販売担当者以外の者であればよく、役席者に限りません。ただし、販売担当者が役席者である場合には、当該役席者が確認してもよいとされています。

② 確認方法

面談または電話によります。会話は録音のうえ保存すべきです。

③ 確認時期

確認時期は、投資信託の販売後ですが、受注の後に同一の電話で行うべきではなく、あまり時間的間隔が空くのも好ましくないと解されます。

viii）記録と保存

金融機関は、事前承認、勧誘、受注および事後連絡のすべてを記録し、保存しなければなりません。

4 銀行法による情報提供義務等

❶預金者等に対する情報提供義務（銀行法12条の2）

銀行は、預金または定期積金等の受入れに関し、預金者等の保護に資するため、内閣府令で定めるところにより、預金等にかかる契約の内容その他預金者等に参考となるべき情報の提供を行わなければなりません。

> 金利・手数料等の明示、商品情報等の説明と書面の交付を行う

❷金融商品取引法の準用（銀行法13条の4）

銀行の職員は、外貨建預金等のリスクのある商品（特定預金等契約）について、金商法の行為規制が準用されていることに注意すべきです。

5 保険業法に基づく規制

❶保険の窓口販売の規制緩和

従来、銀行等の金融機関では、保険商品の窓口販売（窓販）はできなかったのですが、平成13年に初めて窓販が認められて以後、徐々に規制が緩和され、取扱商品が拡大してきました。そして、平成19年12月には、

保険商品の銀行窓販が全面的に解禁されています。

銀行等の金融機関が保険募集等を行うということは、保険業法および保険業法施行規則（規則）の規制を受けることを意味します。そして、保険業法には、顧客保護のための詳細な規定があります。加えて、銀行等の金融機関については、銀行等が保険商品を取り扱うことによる**弊害防止措置**が定められています。具体的には「融資先募集規制」「担当者分離規制」「タイミング規制」「非公開情報保護措置」「銀行の特定関係者に対する規制」があります。これら銀行等の金融機関に特有の規制を遵守しなければならないことに留意すべきです。

弊害防止措置：銀行等が預金業務や融資業務等を通じて得た情報や影響力を不適切に利用して行うことのないように設けられた規制

❷保険業法による規制

銀行等の金融機関が、保険の募集に際して注意すべき主要な規制は次のとおりです。

　ⅰ）**業務運営に関する措置（規則53条の3の3）**

保険会社は、銀行等の金融機関に保険募集を行わせる場合、当該銀行等の信用を背景とする過剰な保険募集により当該保険会社の業務の健全かつ適切な運営および公正な保険募集が損なわれることのように、銀行等への委託方針を定めるなどの措置を講じなければならないとされています。

　ⅱ）**顧客に関する非公開情報の取扱い（規則212条2項1号）**

銀行等が有する既存の顧客の非公開金融情報（預金や融資に関する取引情報等）を保険募集に利用してはならず、逆に、保険募集にかかる業務で知り得た顧客の非公開金融情報を他の銀行業務に利用してはならないとされています。

ただし、事前に当該顧客の書面その他適切な同意ある場合には、この限りではありません。なお、顧客の同意を取得する際には、保険勧誘の手段、利用する情報の範囲、同意の撤回の方法等を明示することとされています。

　ⅲ）**融資先募集規制（規則212条3項1号、212条の2第3項1号、212条の5第3項1号）**

銀行等が新たに取り扱うことのできる保険契約の募集を行う場合、以下の者を保険契約者または被保険者とする保険契約の募集を、手数料を得て行ってはならないとされています。

　① 事業資金の融資先である法人、その代表者および個人事業者
　② 事業資金の融資先である小規模事業者（常時雇用する従業員の人数

が50人（特例地域金融機関では20人）以下の事業者）の役員および従業員。

iv）担当者分離規制（規則212条3項3号）

金融機関の融資担当者が保険募集を行うことが規制されています。すなわち、融資担当者は、保険募集をできないのです。ただし、特例地域金融機関では、担当者分離規制について代替措置を採ることが可能です。また、従業員数20人から50人以下の融資先につき、保険金額が一定金額（生命保険については1,000万円）までとされる小口規制がされています。

特例地域金融機関：その営業地域が特定の都道府県に限られており、金融庁長官が指定する地域金融機関

v）タイミング規制（規則234条1項10号）

融資先募集規制の対象となる保険商品については、**融資申込者**に保険募集を行ってはならないとされています。ただし、非事業性資金の融資申込者に対する保険募集については、規制対象から除外されています。

vi）保険募集に係る情報提供等（規則212条2項2号、212条の2第2項2号、212条の5第2項2号）

保険募集を行う銀行等は、引受保険会社の商号等の明示、保険契約に関する情報の提供等に関する指針を定め、公表し、その実施のために必要な措置を講じなければなりません。

vii）責任者の配置等（規則212条2項3号、212条の2第2項3号、212条の5第2項3号）

保険募集を行う銀行等は、保険募集に係る法令等の遵守を確保するため、営業所または事業所ごとに責任者を配置し、本店または主たる事務所に統括責任者を配置しなければなりません。

viii）優越的地位の濫用の禁止（規則234条1項7号）

銀行等が顧客に対して優越的地位にある場合、保険募集等をするについて、その地位を濫用してはなりません。たとえば、融資取引のある顧客に対し、保険募集に応じなければ、融資契約の継続を見直すことなどを示すこと等が禁止されているのです。

ix）保険募集取引が銀行業務に影響を及ぼさないことに関する説明（規則234条1項8号）

上記優越的地位の濫用防止を確保するための措置として、銀行等は保険募集に際し、保険募集にかかる取引が融資取引に影響を及ぼさない旨の書面を交付して事前に説明しなければなりません。

第Ⅱ章　コンプライアンスの実践

ⅹ）住宅ローン返済困窮時の相談窓口に関する説明義務（規則234条1項11号）

銀行等が販売する住宅関連の信用生命保険につき、住宅ローンの返済が困難となった場合の相談窓口について、書面交付によって説明しなければなりません。

ⅺ）特定関係者による優越的地位の不当利用の禁止（規則234条1項13号）

銀行等の子会社などの特定関係者も、銀行等の優越的地位を不当に利用することが禁止されています。前記ⅷの優越的地位の濫用の潜脱行為を防止する趣旨です。

ⅻ）**保険業法300条1項の禁止行為**

保険業法300条1項は、保険募集に関する以下の行為を禁止しています。

① **虚偽事実**を告知し、または**重要な事項**を告知しないこと（1号）

保険募集をするに際して、虚偽告知や重要な事項を告知しないことが禁止されるのは当然でしょう。顧客が誤った知識を前提に保険募集に応じることとなるからです。

② **告知義務違反**を勧めること（2号・3号）

生命保険に加入するときには健康状態などを正確に告知しなければなりません（告知義務）。顧客による告知義務違反は、保険契約の解除事由になりますから、これを勧めることも禁止されるのです。

③ **不利益事実**を告知しないで契約を乗り換えさせること（4号）

保険契約の乗り換えとは、既存の契約を解約して新たな保険契約を締結することであり、顧客の不利益を伴うことが多いにもかかわらず、これを告知しないことが横行していたので、禁止行為とされているのです。

④ 保険料の割引など**特別の利益**を提供すること（5号・8号）

特別の利益を提供して保険募集を行うことは、不公正な行為ですから禁止されています。

⑤ 誤解を招く**比較表示**（6号）

誤解を招く比較表示自体が不公正な行為ですから、禁止されています。

⑥ 不確実な事実について断定的判断を提供すること（7号）

不確実な事実にもかかわらず、**断定的判断**を提供することは、顧客が誤解によって保険契約の締結に至ることとなるので、禁止されています。

⑦　その他内閣府令で定める行為（9号）

規則234条が、保険契約の締結または保険募集に関する禁止行為を定めています。

❸保険業法の改正

平成26年6月に保険業法が改正され、平成28年5月29日に施行される予定です。多岐にわたる改正で保険会社や代理店には大きな影響がありますが、特に銀行等の金融機関が保険募集を行うに際して、顧客の意向確認義務および情報提供義務が課せられたことによる実務的な影響が大きいと考えられます。本項では、これらの義務の概要を説明します。なお、以下において示す条文は改正後の保険業法（施行規則を含む）の条文です。

ⅰ）**意向確認義務（保険業法294条の2）**

新たに保険業法に創設された「意向確認義務」とは、次のような義務です。銀行等の保険募集人は、保険募集に際して、

①　顧客の意向を把握し、

②　顧客の意向に適合した保険契約の締結等の提案を行い、

③　その保険契約の内容を説明し、

④　保険契約の締結等につき、その保険契約が顧客の意向に適合していることを顧客自身が確認する機会を提供する必要があります。

顧客の意向確認について重要なことは、必ず上記①の「顧客の意向の確認を先行させることです。つまり、保険契約の提案後に顧客の意向を確認しても、保険業法の義務を尽くしたことにならないということです。

ⅱ）**情報提供義務（保険業法294条1項）**

意向確認義務と同様に新たに創設された「情報提供義務」とは、次のような義務です。

銀行等の保険募集人は、保険募集に際して、保険契約者や被保険者が保険契約の申込み等を判断するために必要な情報を提供しなければなりません。情報提供義務は、

①　書面による契約概要や注意喚起情報の説明

②　付帯サービスに関する事項の説明

③　乗合代理店（原則として所属保険会社として2社以上の保険会社が

注意喚起情報：保険契約の内容に関し、契約にあたって顧客が特に注意すべき情報・事項

ある場合)が複数の保険会社の商品について比較・推奨販売を行う場合の情報提供規制

の3つに分けられます。

上記①については、現在も金融庁所定の保険会社向けの総合的な監督指針において事実上義務化されているので、金融機関にとって負担にはならないと思われます。ただし、義務違反の場合に保険業法違反となりますから、より厳格な行政処分などの対象となるでしょう。

②については、金融機関が自動車保険のロードサービスなどの説明をすることになります。

③については、乗合代理店が比較説明を行う場合には、「保険契約者若しくは被保険者又は不特定の者に対して、当該事項であってこれらの者に**誤解**させるおそれのあるものを告げ、又は表示することを防止するための措置を講じなければならない」とされています(保険業法施行規則227条の14第1項)。この義務は、銀行等の保険代理店にとって、前記顧客の意向確認義務とともに、大きな負担となりそうです。

6 消費者契約法に基づく規制

消費者契約法は、消費者保護を担う法律であり、主に消費者が締結した契約関係から離脱することを容易にし、消費者に不利益で事業者に有利な契約条項を無効にすることによって、消費者の利益を図ることを目的としています(同法1条)。

消費者契約法の適用範囲は、**消費者と事業者との消費者契約**です。消費者とは、個人(事業としてまたは事業のために契約をする場合を除く)であり、事業者とは、銀行などの法人または事業を行う個人をいいます(同法2条)。

❶契約の取消し

消費者は、次の場合には、契約を取り消すことができます。契約を取り消すと初めから契約がなかったことになり、金融商品などを購入した場合には、代金相当部分を返還してもらうことができます。民法によれば、意思表示の取消しには、事業者側の詐欺または強迫が必要となりますが(民法96条)、消費者契約法は取消しができる範囲を拡大して消費者保護を図ったわけです。

ⅰ)銀行等の事業者が契約の勧誘につき、**重要事項**について事実と異な

> 消費者に不利益で事業者に有利な契約条項を無効にすることによって、消費者の利益を図る

ることを告げ、これを事実と**誤認**して消費者が契約の申込みまたは承諾をしたとき（消費者契約法4条1項1号）。

ii）事業者が断定的判断を提供して勧誘した場合において、消費者が提供された**断定的判断の内容**が確実であると**誤認**したとき（同条1項2号）。ここに断定的判断を提供して勧誘した場合とは、物品、権利、役務その他消費者契約の目的となるものに関し、将来におけるその価額、将来において消費者が受け取るべき金額その他将来における変動が不確実な事項について、たとえば、「確実に値が上がる」などの言葉を用いて勧誘することです。

iii）事業者が勧誘に際し、重要事項ないしこれに関連する事項について、**消費者の利益となる事実**を告げ、かつ、**不利益となる事実**を告げなかったことにより、消費者が不利益な事実を存在しないと**誤認**して契約の申込みまたは承諾をしたとき。ただし、消費者が事業者の事実告知を拒否した場合はこの限りではありません（同条2項）。

iv）事業者が契約の勧誘につき、消費者が**退去**すべきことを要求しているにもかかわらず、退去しないため、消費者が**困惑**して契約の申込みまたは承諾をしたとき（同条3項1号）。

v）事業者が契約の勧誘につき、勧誘している場所から、消費者が退去することを要求しているにもかかわらず、退去させないため、消費者が困惑して契約の申込みまたは承諾をしたとき（同条3項2号）。

vi）取消権の行使期間

前述した取消権は、追認することができる時点から**6カ月間**行わなければ時効によって消滅します。また、消費者契約締結時から**5年間**経過した場合も消滅します（同法7条）。

❷契約条項の無効

以下を内容とする消費者契約の条項は無効とされます（同法8条）。したがって、かかる条項はたとえ条項が存在し、消費者が了解したような外形があっても効力がありません。

i）事業者の債務不履行または履行に際してされた不法行為によって消費者に生じた損害賠償責任の全部を免除する条項。

ii）事業者の債務不履行または履行に際してされた不法行為によって消費者に生じた損害賠償責任の一部を免除する条項。ただし、上記債務不履行および不法行為については、事業者、代表者、従業員等の故意

側注:

契約の申込みまたは承諾の意思表示の取消事由

追認：本来なら取り消すことができるのに、取り消さずに契約を認めること。6カ月以内に代金を支払ったりすると、契約を追認したものとみなされる

事業者の損害賠償責任を免除する条項

または重過失がある場合に限られます。

　ⅲ）事業者が契約の目的物につき、隠れた瑕疵（欠陥）があることにより消費者に対して負担する損害賠償責任の全部を免除する条項。ただし、事業者が瑕疵修補責任や代替物の給付責任を負担する場合は、無効とされません。

　ⅳ）そのほかにも民法1条2項に定める信義誠実の原則（契約当事者は、相手方に対し、その信頼を確保し、誠実に行動するべきとの原則）に反して消費者の利益を一方的に奪うような条項も無効とされます（同法10条）。

> 消費者の利益を一方的に害する条項

❸損害賠償予定額の制限

　カード利用代金などの遅延損害金は年利14.6％（日歩4銭）が上限とされ、これを超過する部分については無効とされます（同法9条）。

8　その他業務とコンプライアンス

1 相談業務

❶問題の所在

　金融機関の職員は、顧客のさまざまな相談に応じることがあり、特に規制緩和が進んでいる現在では、FP資格を取得する職員も多く、資産運用などの相談が増えているものと思われます。

> 相談業務には、顧客との紛争のリスクや法的な規制がある

　しかし、相談業務には困難な問題があります。金融機関の職員の相談業務は、資産価値の目減りを予防することや将来の相続等を見越した税の軽減などに関するものが多いようですが、現在の低金利やデフレ傾向に歯止めがかからない経済状況からすれば、適切な助言を行うことは困難だと思われます。また、東京などの大都市では、株式と不動産を中心にミニバブル傾向にありますが、将来の状況が見通せないところがあり、最悪の場合顧客との紛争につながり、損害賠償請求をされるおそれもあります。これに加えて、相談業務には法的な規制があります。

❷税務相談

　税務相談については、税理士法上の規制があります。すなわち、税理士

以外の者が税理士業務を行うことが禁止され（同法52条）、これに違反した場合、2年以下の懲役または100万円以下の罰金に処せられます（同法59条）。

そして、この税理士業務とは、「税務の申告代理」、「税務書類の作成」、「政務相談」とされています（同法2条）。なお、これらの業務を行う場合、有償無償を問いませんから、報酬をもらわないときも違法とされることに注意してください。

金融機関の職員が税務申告の代理をすることはないでしょうが、税務相談を受けることはありがちです。そのような場合には、税率等の一般論を答えるにとどめ、具体的な相続税の算出などは控えるべきです。

❸ 法律相談

法律相談についても弁護士法による規制があります。すなわち、弁護士または弁護士法人以外の者が報酬を得る目的で法律事務をすることが禁止され（同法72条）、違反した場合、2年以下の懲役または300万円以下の罰金に処せられます（同法77条）。

法律相談については、無償で行う一般的な相談が禁止されているわけではありませんが、金融機関の職員が法律に精通しているわけではないので、弁護士に任せるべきでしょう。

❹ 相談業務と損害賠償責任

金融機関の職員が顧客の相談に応じた場合において、職員に故意または過失があり、顧客が損害を受けた場合、金融機関とその職員は損害賠償責任を負うことになります（民法709条・715条）。

2 コンサルティング業務、ビジネスマッチング業務等

銀行等の金融機関は、その公共的使命と社会的責任が重く、銀行法等の業法によって、実施できる業務が限定されています（銀行法10条～12条）。

ところで、銀行法10条2項には、「その他銀行業に付随する業務を営むことができる」との規定があり、どのような業務が付随業務に該当するかが問題とされてきました。

この問題について、監督指針は大要次のように定めています。

コンサルティング業務、ビジネスマッチング業務、M＆Aに関する業務、事務受託業務、市場誘導業務、資産運用アドバイス業務については、取引先企業に対する経営相談・支援機能強化の観点から、固有業務と切り

> 付随業務に関する態勢整備

離してこれらの業務を行う場合も「その他付随業務」に該当します。

したがって、金融機関は、これらの付随業務を行うことが可能です。ただし、監督指針は、顧客保護やコンプライアンスの観点から、以下の各項目について態勢整備が図られていることを必要としています。それゆえ、金融機関には、以下の態勢整備を行うことが求められています。

① 優越的地位の濫用として独占禁止法上問題となる行為の発生防止等**法令等の厳正な遵守**に向けた態勢整備が行われているか。
② コンサルティング業務等による提供される商品やサービスの内容、対価等の契約内容が**書面等により明示**されているか。
③ 付随業務に関連した顧客の情報管理について、目的外使用も含め**具体的な取扱基準**が定められ、それらの行員等に対する周知徹底について**検証態勢**が整備されているか。

すなわち、銀行等の金融機関と顧客との力関係から優越的地位の濫用による業務の押付けが行われないようにするため、契約内容を書面にて合意し、さらに顧客情報管理について、取扱基準を制定のうえ、職員への周知徹底を促しているのです。

9　内部管理とコンプライアンス

1 インサイダー取引の禁止

金融機関が保有する法人情報については、顧客情報であれば、契約に関連して取得した情報として守秘義務の対象となります。個人情報のような特別法はありませんが、当然、厳格に管理すべきです。管理方法についても、個人情報に準じて行うべきでしょう。

ところで、金融商品取引法は、上場会社の重要事実が公表される前の有価証券の売買等をいわゆるインサイダー取引として刑罰をもって禁止しています。

> 上場会社の重要事実が公表される前の有価証券の売買等は禁止されている

❶インサイダー取引規制の概要

金融商品取引法166条は、次の行為を内部者（インサイダー）取引として禁止しています。

① 会社関係者であって、上場会社等にかかる業務等に関する重要事実を当該各号に定めるところにより知ったものは、当該業務等に関する重要事実の公表がされた後でなければ、当該上場会社等の特定有価証券等にかかる売買その他の有償の譲渡もしくは譲受けまたはデリバティブ取引をしてはなりません（同条1項）。

② 上記会社関係者が会社関係者でなくなってから、1年以内のものについても同様です（同項ただし書）。

③ 会社関係者から**重要事実**の伝達を受けた者（情報受領者）も同様です（同条2項）。

インサイダー取引規制で重要なのは、会社関係者等が上場会社の**未公表の重要事実を知りながら、その会社の株式等の取引をすること**であり、情報のやり取り自体を制限するものではないということです。ただし、企業は**業務等に関する重要事実**を厳格に管理する必要がありますから、各企業はインサイダー情報や従業者の株式売買に関する内部規程等を策定しているのが現状です。

❷ 内部者取引禁止の意義

インサイダー取引が禁止された趣旨は、上場企業等公開会社の役職員等の関係者は、当該会社の株価に影響を及ぼすような非公開情報を取得する機会がありますが、かかる情報をもとに当該会社の株式の取引をすれば、大きな利益を得ることや損失を免れることができます。金融商品取引法は、このような不公正な取引を、内部者取引として、刑罰をもって禁止しているのです。

❸ 構成要件

ⅰ）規制対象者等

まず、規制の対象となる者と、どのような場合に「知った」といえるかについては、次のように整理できます（同法166条1項）。

① 当該上場会社の役員、代理人、使用人その他従業者（以下、「役員等」という）が規制対象となり、これらの者がその職務に関して知ったときが問題となります（同項1号）。

② 会社法433条第1項に定める権利を有する株主等が規制対象となり、これらの者がその権利行使に関して知ったときが問題となります（同項2号）。

③ 当該上場会社に関して法令上の権限を有する者が規制対象となり、

> 会社関係者から情報の伝達を受けた者も規制の対象に

これらの者がその権限行使に関して知ったときが問題となります（同項3号）。たとえば、金融庁の検査官が検査権限の行使に関して知った銀行の合併等の重要事実を知ったときなどです。

④ 当該上場会社と契約を締結している者または締結の交渉をしている者（その者が法人の場合にはその役員等含み、法人以外の場合には代理人等を含む）が規制対象となり、これらの者が当該契約の締結もしくは交渉に関して知ったときが問題となります（同項4号）。

⑤ ②または④に掲げる者であって法人であるものの役員等が規制対象となり、これらの者がその職務に関して知ったときが問題となります（同項5号）。

⑥ 上記①から⑤に定める者から**情報の伝達を受けた者**（情報受領者）も規制対象となります（同条3項）。ただし、偶然、情報を聞いた場合や情報提供者から情報伝達を受けた者（第二次情報受領者）は、規制対象とならないことに注意すべきです。

ⅱ）**重要事実にかかる情報**

規制対象となる情報、すなわち**重要事実**は、株式や新株予約権の引受者の募集、合併、新製品または新技術の企業化、業務上の提携その他政令で定める事項（金商法166条2項）であり、会社に関する会社法上の組織的な重要事項などが網羅されています。重要事実とは、当該上場会社の業務執行を決定する機関が募集株式の発行等を行うことについての決定をしたこと、または当該機関が当該決定にかかる事項を行わないことを決定したことが主たるものです（同条2項1号）。このほか、災害に起因する損害または業務遂行の過程で生じた損害などの情報も、重要事実とされています（同条2項2号）。なお、裁判実務では、取締役会のような正式な機関決定でなくとも、常務会などの実質的な決定機関の決定で足りるとされていることに注意すべきでしょう。

ⅲ）**重要事実の公表**

重要事実の公表の詳細は、金商法施行令30条に規定されています。施行令によれば、一定の報道機関（時事に関する日刊総合紙を販売する新聞社、その新聞社に情報を配信する通信社、産業・経済に関する日刊紙を販売する新聞社、日本放送協会（NHK）および放送法に規定する一般放送事業者）のうち、2社以上に公開した時点から12時間を経過したことをもって、「公表」とされています。また、上場会社等がその発行する有価

証券を上場する金融商品取引所の規則で定めるところにより、重要事実等を当該金融商品取引所に通知し、かつ、通知された重要事実等が内閣府令に定めるところにより、当該金融商品取引所において公衆の縦覧に供されたことをもって「公表」とされています。

❹刑　罰

内部者取引違反の罰則は、5年以下の懲役もしくは500万円以下の罰金または併科とされ（同法197条の2第13号）、法人等については5億円以下の罰金です（同法207条1項2号）。なお、インサイダー取引によって得られた利益は没収され、没収できない場合には追徴されることになります（同法198条の2第1項1号、2項）。

なお、金融商品取引法には、課徴金制度があります。課徴金は、刑事罰ではありませんが、インサイダー取引規制に違反した者に金銭的な負担を課す行政処分です。インサイダー取引によって得られた利益を没収または追徴するには、刑事罰を前提としているので、刑事罰までに至らないとされた事案については違法な利益が違反者に残る可能性があります。そこで、刑事罰を科することなく、違反者から利益を取り上げるために課徴金の意義があります。

> 刑事罰のほか、課徴金を課されることも

2　内部通報制度

従業員などが、会社の業務に関連した一定の違法行為等を発見し、会社内部、権限ある行政機関、その他の一定の者に通報した場合には、それを理由とした従業員の解雇、または従業員に対する不利益扱いを行うことは禁じられています。会社にとっても、従業員が会社の業務について発見した違法行為などの情報を適切に扱うことは、会社内部での違法行為等の防止、または違法行為の早期発見に有効です。そこで、違法行為の通報を行った従業員を保護するとともに、寄せられた情報に基づき適切な対処を取るため、目撃職員が本部または外部第三者機関に直接電話などを通じて告知すること（ヘルプラインやホットライン）が望まれます。

❶公益通報者保護法

公益通報者保護法は、従業員などが会社の業務に関連した一定の違法行為を通報したことを理由として、従業員を解雇すること等、または不利益な取扱いを行うことを禁じています。解雇・不利益な取扱いの禁止となる（保護の対象となる）通報の範囲は、通報先に応じて分かれています。①

> 公益のために通報を行ったことを理由とする解雇等の不利益な取扱いを禁じている

会社内部への通報は、不正の目的がない限り、保護の対象となります。②権限ある行政機関への通報は、①に加えて、通報の対象となる事実が存在すると信じるに足りる相当の理由がある場合に保護の対象となります。③その他の会社外部への通報は、さらに一定の要件を満たした場合に初めて保護の対象となります。

❷ヘルプラインの活用

公益通報者保護法は、主として保護される通報をしたことを理由とする解雇の無効や不利益な取扱いの禁止を定めるものです。公益通報者保護法は、通報を行った従業員の保護を主要な目的とするとともに、従業員の保護を通じて違法行為の抑止が図られることをも想定しています。会社にとっても、従業員からの通報を適切に扱うことにより、会社の内部で違法行為が発生・拡大することを防止することが期待できます。

もっとも、会社内での違法行為を指摘することは、上司や同僚の関係などから事実上難しいことも考えられます。そこで、従業員などからの通報を受け付ける窓口（ヘルプライン）を設け、従業員の通報を行いやすくする環境を整備するとともに、通報を行った従業員の保護と、通報内容の調査に基づく適切な対処を行うことが望まれます。このような体制の整備は、外部への通報を事前に抑止することにより、会社のレピュテーションの保護にもつながるものです。

3 男女均等待遇

わが国の女性は、歴史的に雇用において差別的な待遇を受けてきました。能力等において性別によって差異があるわけではないにもかかわらず、昇進や昇給が男性より遅く、また、女性をめぐる職場環境などにより、事実上男性のように長期間就労できない状況にありました。そこで、男女雇用機会均等法が制定され、施行されました。

> 性別を理由とする差別は禁じられている

なお、現行の男女雇用機会均等法は、平成18年改正を経て、性差別禁止の範囲が男性にも及ぶこととなっています。

❶男女雇用機会均等法の概要

男女雇用機会均等法の概要は次のとおりです。

ⅰ）性別を理由とする差別の禁止（同法5条・6条）

① 事業主は、労働者の性別を理由として、賃金、労働時間その他の労働条件について、差別的な取扱いをすることが禁止されています。し

たがって、男女の賃金体系を別にすることや昇進条件に差をつけることは許されません。

② 事業主は、労働者の募集および採用について、その性別にかかわりなく均等な機会を与えなければなりません。したがって、総合職について募集や採用を男性に限定することは許されません。

ⅱ）**女性労働者にかかる措置に関する特例（同法 8 条）**

他方、事業主は、上記の規定にかかわらず、雇用の分野における男女の均等な機会および待遇の確保の支障となっている事情を改善することを目的として、女性労働者に対して行う優遇措置を妨げるものではないと規定されています。したがって、女性労働者に有利な措置は許されています。

ⅲ）**婚姻、妊娠、出産等を理由とする不利益取扱いの禁止（同法 9 条）**

① 事業主は、女性労働者が婚姻し、妊娠しまたは出産したことを退職理由として予定する定めをしてはなりません（同条 1 項）。

② 事業主は、女性労働者が婚姻したことを理由として解雇してはなりません（同条 2 項）。

③ 事業主は、女性労働者が妊娠し、出産したまたは労働基準法の産前休業を請求したことなどによる解雇をしてはならないほか、その雇用する女性労働者に対するこれらの事由を理由とする解雇以外の不利益な取扱いをしてはなりません（同条 3 項）。

④ 妊娠中の女性労働者および出産後 1 年を経過しない女性労働者に対してなされた解雇は無効です（同条 4 項）。

●まとめ●

1 不祥事件防止とコンプライアンス
- 相互牽制機能の確立とは、部店における個々の職員の業務内容について、必ず誰かが確認するなどして、不正行為や事務ミスなどを見逃さない態勢を構築することをいう。
- 内部告発制度は、職員の身の回りで起きた不正行為や、他の職員等から受けた不当な行為（ハラスメント等）をコンプライアンス統括部門などに直接電話等をすることによって、不正行為や不当行為の防止に役立てる制度である。
- 不祥事件が発覚した場合、部店等からコンプライアンス統括部門に迅速な報告が行われる必要がある。

2 顧客情報管理とコンプライアンス
- 守秘義務とは、金融機関やその役職員が顧客等との取引およびこれに関連して知り得た情報を正当な理由なく、他人に開示してはならないという法的な義務をいう。
- 個人情報保護法は、個人情報（氏名、生年月日など特定の個人を識別することのできる情報）の適正な取扱いを通じて、個人情報等の個人の権利利益を保護することを目的としている。

3 マネー・ローンダリングの防止とコンプライアンス
- 犯罪によって得た収益を、その出所や真の所有者がわからないようにして、捜査機関による収益の発見・犯罪の検挙を逃れようとする行為をマネー・ローンダリングという。
- 金融機関は、犯罪収益の移転防止に関する法律により、特定事業者として「取引時確認」、「確認記録の作成・保存」、「取引記録等の作成・保存」、「疑わしい取引の届出」、「外国為替取引にかかる通知」等の義務を負っている。

4 反社会的勢力との関係遮断とコンプライアンス
- 平成19年6月に公表された「企業が反社会的勢力による被害を防止するための指針」（政府指針）には、反社会的勢力に対する具体的な対応方法が明示されている。
- 金融機関の社会的使命と公共的責任に鑑みれば、反社会的勢力との関係を遮断することこそがコンプライアンスに合致する。

5 預金業務とコンプライアンス
- 法律行為を行うために必要な判断能力が備わっていない人を制限行為能力者といい、①未成年者、②成年被後見人、③成年被保佐人、④成年被補助人の4種類の人が該当する。
- 株式会社など法人との取引は、代表権限のある人と行う。
- 預金取引は本人名義でするのが原則であり、代理人や使者との取引は慎重な対応が求められる。
- 事務取引の基本は「正確」「迅速」「丁寧」であり、新入職員がまず押さえるべきことは「正確な事務処理」である。

6 融資業務とコンプライアンス
- 融資業務には、法令等に反する不正な融資がされる可能性があること、融資取引における説明義務が問題とされること、優越的地位の濫用などに該当する可能性があることなど、さまざまなコンプライアンス上のリスクがある。
- 監督指針には、全行的な内部管理態勢の確立、契約時点等における説明などを求めている。
- 優越的地位の濫用、抱き合わせ販売、排他条件付取引など、融資取引に際し金融機関が取引先に対して「不公正な取引方法」を強要することは、独占禁止法で禁止されている。
- 金融機関が融資取引との関係で行う優越的地位の濫用には、手形の割引に際して、割引を行う企業等に割引額の一部を預金させる「歩積預金」、融資に際して融資額の一部を預金させる「両建預金」がある。
- 浮貸しとは、「金融機関の役職員がその地位を利用し、自己または第三者の利益を図るため、金銭の貸付け、金銭貸借の媒介、債務の保証を行うこと」であり、出資法で禁じられている。
- 銀行取引約定書は、融資取引の開始にあたって、銀行と融資先との融資取引を円滑にするために、融資取引のうえで生ずる権利と義務のうちもっとも基本的な事項について契約を締結するもので、融資取引の基本的な契約書である。
- 経営者保証ガイドラインは、経営者保証における合理的な保証契約のあり方等を示すとともに、債務の整理局面における保証債務の整理を公正かつ迅速に行うための基準となる。

7 金融商品の販売・勧誘とコンプライアンス

- 金融商品の販売・勧誘にあたっては、金融商品取引法、金融商品販売法、日本証券業協会による自主規制規則等がある。
- 金融商品取引法は、登録金融機関に対して、顧客に対する誠実義務、書面の交付義務、勧誘における禁止行為、損失補てんの禁止、適合性の原則等の義務を課している。
- 適合性の原則とは、金融商品取引業者等が投資勧誘等に際して、投資者の知識、経験、財産状況および投資目的等に鑑みて、不適当と認められる勧誘を行ってはならないとするもので、金融商品取引業者等は適合性原則に合致した勧誘を行わなければならない。
- 金融商品販売法は、金融商品販売業者が金融商品の販売に際し、顧客に説明をすべき事項等を明示し、販売業者が説明をしなかったことにより顧客に損害が生じた場合における販売業者の責任に関する特則を規定し、販売業者が行う勧誘の適正確保のための措置を定めている。

8 その他業務とコンプライアンス

- 金融機関の職員は、資産運用などさまざまな相談に応ずることがあるが、現在の先行き不透明な金融経済状況からすれば適切な助言を行うことは困難であり、さらに相談業務には法的な規制がある。

9 内部管理とコンプライアンス

- 金融機関が保有する法人情報については、顧客情報であれば、契約に関連して取得した情報として守秘義務の対象となる。個人情報のような特別法はないが、当然、厳格に管理することが求められる。
- 金商法は、上場会社の重要事実が公表される前の有価証券の売買等をいわゆるインサイダー取引として刑罰をもって禁止している。
- 公益通報者保護法は、従業員などが会社の業務に関連した一定の違法行為を通報したことを理由として、従業員を解雇すること等、または不利益な取扱いを行うことを禁じている。
- 男女雇用機会均等法は、性別を理由とする差別の禁止、女性労働者にかかる措置に関する特例、婚姻・妊娠・出産等を理由とする不利益取扱いの禁止等を定めている。

 確認テスト

(　　) 1．銀行等の金融機関で犯罪行為などの不祥事件が発生した場合には、その公共性から内閣総理大臣（金融庁）に届け出る必要がある。

(　　) 2．不祥事件が発覚した場合には、部店等から社外の第三者委員会に迅速な報告が行われる必要がある。

(　　) 3．守秘義務とは、金融機関やその役職員が知り得た第三者に関する情報を正当な理由なく外部に漏らしてはならないという法的な義務であり、民法に規定する「信義誠実の原則」から導かれる法的な義務と考えられている。

(　　) 4．個人情報保護法によれば、個人情報とは、「生存する個人に関する情報であって、当該情報に含まれる氏名、生年月日その他の記述等により特定の個人を識別することができることとなるもの」とされている。

(　　) 5．個人情報保護法は、本人の同意の有無にかかわらず、個人データを第三者へ提供することを禁止している。

(　　) 6．犯罪収益移転防止法によれば、取引時確認における本人特定事項は、個人の場合は氏名・住居・生年月日・電話番号である。

(　　) 7．暴力団排除条項とは、契約条項や約款に、暴力団等の反社会的勢力ではないことを宣言させ、反社会的勢力であることが判明した場合や不当要求を行った場合には、直ちに契約を解除できる内容の条項をいう。

(　　) 8．預金は、預金者と銀行の同意だけでなく、金銭の授受があってはじめて成立するので要物契約に該当する。

(　　) 9．伝票などの代筆は、法律的には代理行為とみなされ、取引者本人に代わって取引ができてしまうことになるので、慎重に取り扱う必要がある。

(　　) 10．優越的地位の濫用とは、自己の取引上の地位が相手方に対して優越している

ことを利用して、正常な商習慣に照らして不当に、相手方に不利益な条件を押し付けるなどの行為をいう。

(　) 11. 銀行取引約定書は融資取引の基本約定書であり、個人・法人を問わず取引の開始時に契約が締結される。

(　) 12. 金融商品取引法によれば、金融商品取引業者等は、顧客からの申し出があった場合を除いて、顧客の属性に合致した金融商品を勧誘すべきである。

(　) 13. 金融機関の職員が税務書類の作成等を行うことは税理士法で禁じられているが、顧客の税務相談を受けることはできる。

(　) 14. 金融商品取引法は、上場会社の重要事実が公表される前の有価証券の売買等をいわゆるインサイダー取引として刑罰をもって禁止している。

(　) 15. 従業員が、会社の業務に関連した一定の違法行為等を発見し、権限ある行政機関に通報した場合には、それを理由とした従業員の解雇、または従業員に対する不利益な取扱いを行うことは禁じられている。

☞解答は 125 ページ参照

参考資料

中小・地域金融機関向けの総合的な監督指針

Ⅱ―3―1　法令等遵守（抜粋）

中小・地域金融機関向けの総合的な監督指針
Ⅱ―3―1　法令等遵守（抜粋）

　銀行の業務の公共性を十分に認識し、法令や業務上の諸規則等を厳格に遵守し、健全かつ適切な業務運営に努めることが顧客からの信頼を確立するためにも重要である。

　遵守すべき法令等は多岐にわたり、いずれも重要性に差はないが、これまでの様々な経験と最近の政策的な動向を踏まえ、当面、特に留意すべき点は以下のとおりである。

Ⅱ―3―1―1　不祥事件等に対する監督上の対応

　役職員の不祥事件等に対する業務改善命令等の監督上の対応については、以下のとおり、厳正に取り扱うこととする。

（1）不祥事件等の発覚の第一報

　　銀行において不祥事件等が発覚し、第一報があった場合は、以下の点を確認するものとする。

　① 本部等の事務部門、内部監査部門への迅速な報告及びコンプライアンス規定等に則った取締役会等への報告。

　② 刑罰法令に抵触しているおそれのある事実については、警察等関係機関等への通報。

　③ 事件とは独立した部署（内部監査部門等）での事件の調査・解明の実施。

（2）不祥事件等届出書の受理

　　法第53条に基づき、銀行が不祥事件の発生を知った日から30日以内に不祥事件等届出書が提出されることとなるが、当該届出書の受理時においては、法令の規定に基づき報告が適切に行われているかを確認する。

　　なお、銀行から第一報がなく届出書の提出があった場合は、上記（1）の点も併せて確認するものとする。

（3）主な着眼点

　　不祥事件と業務の適切性の関係については、以下の着眼点に基づき検証する。

　① 当該事件への役員の関与はないか、組織的な関与はないか。

　② 当該事件の内容が銀行の経営等に与える影響はどうか。

　③ 内部けん制機能が適切に発揮されているか。

　④ 改善策の策定や自浄機能は十分か。

　⑤ 当該事件の発覚後の対応は適切か。

（4）監督上の措置

　　不祥事件等届出書の提出があった場合には、事実関係、発生原因分析、改善・対応策等についてヒアリングを実施し、必要に応じ、法第24条に基づき報告を求め、さらに、重大な問題があるときは、法第26条に基づく業務改善命令等を発出することとする。

Ⅱ―3―1―2　役員による法令等違反行為への対応

Ⅱ―3―1―2―1　意義

（1）銀行業務を遂行するに際しての役員による組織的な法令違反行為については、当該個人の責任の問題に加え、法人としての銀行の責任も問われる重大な問題であり、信用失墜・風評等により銀行の経営に重大な影響を及ぼすことに留意すべきである。

（2）さらに、公共性を有し、地域経済において重要な機能を有する銀行において、顧客等とのリレーションシップに基づく信頼関係を阻害するような問題が発生した場合には、地域の金融システムの安定性に大きな影響を及ぼすおそれがあることを銘記する必要がある。

Ⅱ-3-1-2-2 監督手法・対応

（1）検査結果、不祥事件等届出書等により、役員による組織的な法令違反の疑いがあると認められた場合には、厳正な内部調査を行うよう要請し、法第24条に基づき報告を求める。

特に、重大な法令違反の疑いがある場合には、事案に応じ、弁護士、外部専門家等の完全に独立した第三者（注）による客観的かつ厳正な調査を行うよう要請し、法第24条に基づき報告を求める。

（注）例えば顧問弁護士は、完全な第三者には当たらないことに留意する。

（2）当該調査結果及び銀行の対応等を踏まえ、法第27条に基づく行政処分など、法令に則して、厳正な行政上の対応を検討する。

Ⅱ-3-1-3 組織犯罪等への対応

Ⅱ-3-1-3-1 取引時確認、疑わしい取引の届出義務等

Ⅱ-3-1-3-1-1 意義

（1）総論

公共性を有し、地域経済において重要な機能を有する銀行が、例えば総会屋利益供与事件、いわゆるヤミ金融や、テロ資金供与、マネー・ローンダリング等の組織犯罪等に関与し、あるいは利用されることはあってはならないことである。銀行が犯罪組織に利用され犯罪収益の拡大に貢献すること等を防ぐには、全行的に堅牢な法務コンプライアンス体制を構築する必要があるが、特に、犯罪による収益の移転防止に関する法律（以下「犯収法」という。）に基づく取引時確認及び疑わしい取引の届出に関する内部管理態勢を構築することが求められている。

（2）「犯収法」制定の経緯等

① 我が国における反社会的勢力による民事介入暴力等の組織犯罪への対応策の変遷をみると、昭和57年に総会屋への利益提供を禁止する改正商法が施行され、平成4年には「暴力団員による不当な行為の防止等に関する法律」が施行される等の法制整備等が積み重ねられてきたところである。

② また、国際的な資金洗浄（マネー・ローンダリング）規制の変遷をみると、昭和63年の国連・麻薬新条約の採択等を契機として、まず薬物犯罪収益等が対象とされ、金融機関に本人特定事項の確認や疑わしい取引の届出が求められるようになった。その後、冷戦終結後の国際情勢の変化に対応し、国際社会の関心も組織犯罪撲滅へと拡大し、資金洗浄規制の前提犯罪も、薬物犯罪から重大犯罪に拡大された。

③ こうした情勢下、我が国の代表的な銀行を含む一連の総会屋への利益提供事件の発覚を受け、平成9年9月に関係閣僚会議において「いわゆる総会屋対策要綱」の申し合わせがなされた。

この中で、当面の対応策に加え、「組織犯罪対策のための刑事法の検討」が取り上げられ、検討が進められた結果、平成12年2月から組織的な犯罪の処罰及び犯罪収益の規制等に関する法律（以下「組犯法」という。）が施行されている。

④ 他方、平成13年9月の米国の同時多発テロ以降の、テロ資金供与に関する国際的な厳しい対応姿勢を受け、テロ資金供与の疑いがある取引についても組犯法の疑わしい取引の届出対象に含められるとともに、平成15年1月から、新たに「金融機関等による顧客等の本人確認等に関する法律」（以下「本人確認法」という。）が施行された。

（注）その後、いわゆる「振り込め詐欺」等の犯罪に銀行の口座が不正利用されている事態にかんがみ、平成16年12月に本人確認法が改正され（「金融機関等による顧客等の本人確認等に関する法律及び預金口座等の不正な利用の防止に関する法

律」に改称)、預金通帳等を譲り受ける行為等について罰則が設けられている。また、犯罪利用預金口座等に係る資金による被害回復分配金の支払等に関する法律(平成20年6月施行、以下「振り込め詐欺救済法」という。)において、金融機関は、「振り込め詐欺」に限らず、詐欺その他の人の財産を害する罪の犯罪行為全般に関して、振込先として利用された預金口座等(犯罪利用預金口座等)である疑いがあると認めるときは、当該預金口座等に係る取引停止等の措置を適切に講ずること等が求められている。

⑤ そして、近年におけるテロ資金その他の犯罪収益の流通に係る国内の実態及びFATF勧告に基づく国際的な対策強化の動向にかんがみ、本人確認法及び組犯法第5章を母体として、本人特定事項の確認及び疑わしい取引の届出の義務対象事業者を金融機関等以外にも広げること等を定めた犯収法の規定が、平成20年3月に施行された。

⑥ さらに、最近のマネー・ローンダリングを巡る犯罪への対策やFATF勧告に基づく対策の一層の強化を図る観点から、平成23年4月に、取引時の確認事項の追加並びに取引時確認及び疑わしい取引の届出等の措置を的確に行うための体制の整備等を定めた改正犯収法が成立し、平成25年4月から施行されることとなった。

(3) 我が国の組織犯罪規制等の概要と金融機関のコンプライアンスにとっての意義

① 我が国の組織犯罪規制は、組犯法における組織的な犯罪に対する刑の加重、犯罪収益の隠匿・収受の処罰(金融機関にも適用)及び犯罪収益の没収・追徴の規定等並びに犯収法における金融機関を含めた特定事業者に対する顧客等に対する取引時確認及び疑わしい取引の届出の義務付け等からなる(なお、平成15年1月から施行されている改正外為法においても、一定の本人特定事項の確認義務が課されていることにも留意する必要がある。)。

② 組犯法及び犯収法は、組織的犯罪に対する刑事法としての意義、及び、国際的な資金洗浄(マネー・ローンダリング)規制の要請に適う国内実施法制としての意義があるが、金融機関にとっては、

イ.取引時確認や確認記録、取引記録の作成・保存義務は、テロ資金の提供が金融機関を通じて行われることの防止に資する金融機関等の顧客管理体制の整備の促進であり、「マネー・ローンダリング防止」を単なる取引時確認等の事務手続きの問題からコンプライアンスの問題(金融機関が犯罪組織に利用され犯罪収益の拡大に貢献することを防ぐための態勢整備)へと位置付け直すとともに、

ロ.いわゆる総会屋への対応等を含め、民事介入暴力・組織犯罪に対する全行的なコンプライアンス態勢を構築することが必要になったという点で極めて重要な意義を有するものである。

③ 金融機関においては、犯収法が広く組織犯罪一般に対する厳正な対応を義務付ける枠組みであることを真剣に受け止め、万全の態勢を構築する必要がある。

④ 更に、振り込め詐欺救済法は、犯罪利用預金口座等について、被害者の財産的被害の迅速な回復に資する観点から、残された資金を被害者に分配するための手続を規定するものであるが、金融機関にとっては、従来、預金規定に基づいて行っていた口座の取引停止等の措置が法的に求められることとなった点において、適切な口座管理の観点から、極めて重要な意義を有する。金融機関においては、不正利用口座に係る取引停止等の措置を、事務手続きの問題ではなくコンプライアンスの問題として位置付け、迅速かつ適切に実施するための態勢を整備していく必要がある。

(4) 金融サービス濫用防止にとっての意義

各金融機関が、犯収法により義務付けられた取

引時確認等や疑わしい取引の届出、盗難通帳・偽造印鑑等による預金の不正払戻しを防止するための措置、又は犯罪利用預金口座等の疑いがあると認める場合における取引停止等の措置を的確に実施し得る内部管理態勢を構築することは、組織犯罪等による金融サービスの濫用を防止し、我が国金融システムに対する信頼を確保するためにも重要な意義を有している。

Ⅱ－3－1－3－1－2　主な着眼点

銀行の業務に関して、犯収法に基づく取引時確認及び疑わしい取引の届出を行うに当たっては、テロ資金供与やマネー・ローンダリング、預金口座の不正利用といった組織犯罪等に利用されることを防止するため、以下のような態勢が整備されているか。

（注）取引時確認や疑わしい取引の届出においては、「犯罪収益移転防止法に関する留意事項について」（24年10月金融庁）を参考にすること。

（1）取引時確認や疑わしい取引の届出を的確に行うための法務問題に関する一元的な管理態勢が整備され、機能しているか。

特に、一元的な管理態勢の整備に当たっては、以下の点を十分留意しているか。

① 適切な従業員採用方針や顧客受入方針を有しているか。

② コルレス契約について、犯収法第10条および犯罪による収益の移転防止に関する法律施行規則（以下「犯収法施行規則」という。）第25条に基づき、以下の体制が整備されているか。

（注）犯収法施行規則第25条の「外国所在為替取引業者との間で委託契約又は受託契約を締結して為替取引を行う場合」とは、国際決済のために外国所在為替取引業者（コルレス先）との間で電信送金の支払、手形の取立、信用状の取次、決済等の為替業務、資金管理等の銀行業務について委託契約又は受託契約（コルレス契約）を締結して為替取引を行う場合をいう。

イ．コルレス先の顧客基盤、業務内容、テロ資金供与やマネー・ローンダリングを防止するための体制整備の状況及び現地における監督当局の当該コルレス先に対する監督体制等について情報収集に努め、コルレス先を適正に評価した上で、上級管理職による意思決定を含め、コルレス契約の締結・継続を適切に審査・判断しているか。

ロ．コルレス先とのテロ資金供与やマネー・ローンダリングの防止に関する責任分担について文書化する等して明確にするよう努めているか。

ハ．コルレス先が営業実態のない架空銀行（いわゆるシェルバンク）でないこと、及びコルレス先がその保有する口座を架空銀行に利用させないことについて確認することとしているか。

また、確認の結果、コルレス先が架空銀行であった場合又はコルレス先がその保有する口座を架空銀行に利用されることを許容していた場合、当該コルレス先との契約の締結・継続を遮断することとしているか。

③ 取引時確認や確認記録・取引記録の作成・保存、疑わしい取引の届出を含む顧客管理方法について、マニュアル等の作成・従業員に対する周知が行われるとともに、従業員がその適切な運用が可能となるように、適切かつ継続的な研修が行われているか。

④ 取引時確認や疑わしい取引の検出を含め、従業員が発見した組織的犯罪による金融サービスの濫用に関連する事案についての適切な報告態勢（方針・方法・情報管理体制等）が整備されているか。

⑤ 取引時確認や顧客管理の中で、公的地位等の顧客属性に照らして、問題等が認められた顧客や取引等について、上級管理職による意思決定を含め適正に管理・対応するための態勢を有しているか。

⑥ 取引時確認や疑わしい取引の届出を含めた顧客管理を的確に行うため、管理職レベルのテロ資金供与及びマネー・ローンダリング対策のコンプライアンス担当者を配置しているか。

(2) 疑わしい取引の届出を行うに当たって、顧客の属性、取引時の状況その他銀行の保有している当該取引に係る具体的な情報を総合的に勘案する等適切な検討・判断が行われる態勢が整備されているか。

特に、疑わしい取引の届出のための態勢整備に当たっては、以下の点を十分留意しているか。

① 銀行の行っている業務内容・業容に応じて、システム、マニュアル等により、疑わしい顧客や取引等を検出・監視・分析する態勢が構築されているか。

② 上記態勢整備に当たっては、国籍(例:FATFが公表するマネー・ローンダリング対策に非協力的な国・地域)、公的地位、顧客が行っている事業等の顧客属性や、外為取引と国内取引との別、顧客属性に照らした取引金額・回数等の取引態様が十分考慮されているか。

(3) 下記イ.〜ハ.のような厳格な顧客管理を行う必要性が特に高いと認められる取引を行う場合には、顧客の本人特定事項を、通常と同様の方法に加え、追加で本人確認書類又は補完書類の提示を受ける等、通常の取引よりも厳格な方法で確認するなど、適正に(再)取引時確認を行う態勢が整備されているか。また、資産及び収入の状況の確認が義務づけられている場合について、適正に確認を行う態勢が整備されているか。

イ. 取引の相手方が関連取引時確認に係る顧客等又は代表者等になりすましている疑いがある場合における当該取引

ロ. 関連取引時確認が行われた際に当該関連取引時確認に係る事項を偽っていた疑いがある顧客等との取引

ハ. 犯罪による収益の移転防止に関する法律施行令第12条第2項に定める、犯罪による収益の移転防止に関する制度の整備が十分に行われていないと認められる国又は地域に居住し又は所在する顧客等との取引等

(4) 口座の不正利用等を防止するため、預金の支払や口座開設等に当たって、必要に応じ、取引時確認の実施や口座の利用目的等の確認を行うなど、適切な口座管理を実施するための内部管理態勢が整備されているか。また、口座の不正利用による被害防止のあり方について検討を行い、必要な措置を講じているか。

特に、いわゆるヤミ金融業者等が預金口座を利用して違法な取立てを行ったり、架空請求書を送り付けて銀行の預金口座に振込みを請求したりするなど、預金口座を不正に利用した悪質な事例が大きな社会問題となっている。また、犯罪資金の払出は被害者の財産的被害の回復を困難ならしめるものである。これらを踏まえ、被害にあった顧客からの届出等、口座の不正利用に関する情報を速やかに受け付ける体制を整備するとともに、こうした情報等を活用して、預金規定や振り込め詐欺救済法に定められている預金取引停止・口座解約等の措置を迅速かつ適切に講ずる態勢を整備しているか。その際、同一名義であることなどから不正利用が疑われる口座等についても、取引状況の調査を行うなど、必要な措置を講ずることとしているか。

(5) 振込みを利用した犯罪行為の被害者の財産的被害を迅速に回復するため、振り込め詐欺救済法に規定する犯罪利用預金口座等に係る預金等債権の消滅手続や、振込利用犯罪行為の被害者に対する被害回復分配金の支払手続等について、社内規則で明確に定めることなどにより、円滑かつ速やかに処理するための態勢を整備しているか。その際、消滅手続期間中における被害申出者に対し、支払申請に関し利便性を図るための措置を、また、被害が疑われる者に対し、支払手続実施等について周知するため、必要な情報提供その他の措置を、適切に講ずるものとしているか。

（6）預金口座の不正利用に関する裁判所からの調査嘱託や弁護士法に基づく照会等に対して、個々の具体的事案毎に、銀行に課せられた守秘義務も勘案しながら、これらの制度の趣旨に沿って、適切な判断を行う態勢が整備されているか。

（7）盗難通帳・偽造印鑑等による預金の不正払戻しを防止するため、窓口での預金の支払等に当たって、必要に応じ取引時確認を行う態勢が整備されているか。また、通帳の印影から印鑑の偽造を防止するための措置を講じているか。

不正払戻しの被害にあった顧客からの届出を速やかに受け付ける体制が整備されているか。また、損失の補償については、偽造カード等及び盗難カード等を用いて行われる不正な機械式預貯金払戻し等からの預貯金者の保護等に関する法律（以下「預貯金者保護法」という。）の趣旨を踏まえ、利用者保護を徹底する観点から、約款、顧客対応方針等において統一的な対応を定めるほか、真摯な顧客対応を行う態勢が整備されているか。

不正払戻しに関する記録を適切に保存するとともに、顧客や捜査当局から当該資料の提供などの協力を求められたときは、これに誠実に協力することとされているか。

（注）不正払戻し発生防止に向けた施策が、顧客利便を大きく損なうことのないよう配慮する必要がある。

Ⅱ―3―1―3―1―3 監督手法・対応

検査結果、不祥事件等届出書、盗難通帳に係る犯罪発生報告書等により、上記（1）から（7）の着眼点等に照らして取引時確認義務及び疑わしい取引の届出義務の確実な履行、盗難通帳・偽造印鑑等による預金の不正払戻しを防止するための措置、又は犯罪利用預金口座等の疑いがあると認める場合における取引停止等の措置を適切に実施するための内部管理態勢に問題があると認められる場合には、必要に応じ法第24条に基づき報告（追加の報告を含む。）を求め、重大な問題があると認められる場合には、法第26条に基づき、業務改善命令を発出するものとする。

また、内部管理態勢が極めて脆弱であり、反社会的勢力・テロリスト等の組織的犯罪等に利用され続けるおそれがあると認められるときは、法第26条に基づき、業務改善に要する一定期間に限った業務の一部停止命令を発出するものとする。

さらに、取引時確認義務及び疑わしい取引の届出義務に違反し、又は犯罪利用預金口座等であると疑うに足りる相当な理由があると認めるときに取引停止等の措置を怠り、著しく公益を害したと認められる場合など、重大な法令違反と認められる場合には、法第27条に基づく業務の一部停止命令を発出するものとする。

（参考）
・「預金等の不正な払戻しへの対応」について（平成20年2月19日：全国銀行協会）

Ⅱ―3―1―3―2 偽造紙幣・硬貨等

刑法第152条が、偽造・変造通貨の流通を阻止しようとする趣旨であることにかんがみ、銀行においても適正な内部管理態勢の構築のために、例えば、以下のような取組みが行われているか。

（1）顧客より提示のあった紙幣等が偽造・変造であると判明した段階で、警察への届出や疑わしい取引の届出が速やかになされる体制となっているか。

（2）偽造・変造紙幣等を再流通させないために銀行がとるべき行動について、適切な規定・要領等の整備や役職員への徹底がなされているか。

（注）組織犯罪等への対応としては、以上のほか、偽造・盗難キャッシュカード対策（Ⅱ―3―4―2 ATMシステムのセキュリティ対策）、インターネットバンキング（Ⅱ―3―5 インターネットバンキング）のフィッシング対策等も参照のこと。

Ⅱ－3－1－4　反社会的勢力による被害の防止

Ⅱ－3－1－4－1　意義

　反社会的勢力を社会から排除していくことは、社会の秩序や安全を確保する上で極めて重要な課題であり、反社会的勢力との関係を遮断するための取組みを推進していくことは、企業にとって社会的責任を果たす観点から必要かつ重要なことである。特に、公共性を有し、経済的に重要な機能を営む金融機関においては、金融機関自身や役職員のみならず、顧客等の様々なステークホルダーが被害を受けることを防止するため、反社会的勢力を金融取引から排除していくことが求められる。

　もとより金融機関として公共の信頼を維持し、業務の適切性及び健全性を確保するためには、反社会的勢力に対して屈することなく法令等に則して対応することが不可欠であり、金融機関においては、「企業が反社会的勢力による被害を防止するための指針について」（平成19年6月19日犯罪対策閣僚会議幹事会申合せ）の趣旨を踏まえ、平素より、反社会的勢力との関係遮断に向けた態勢整備に取り組む必要がある。

　特に、近時反社会的勢力の資金獲得活動が巧妙化しており、関係企業を使い通常の経済取引を装って巧みに取引関係を構築し、後々トラブルとなる事例も見られる。こうしたケースにおいては経営陣の断固たる対応、具体的な対応が必要である。

　なお、役職員の安全が脅かされる等不測の事態が危惧されることを口実に問題解決に向けた具体的な取組みを遅らせることは、かえって金融機関や役職員自身等への最終的な被害を大きくし得ることに留意する必要がある。

　（参考）「企業が反社会的勢力による被害を防止するための指針について」（平成19年6月19日犯罪対策閣僚会議幹事会申合せ）

　①　反社会的勢力による被害を防止するための基本原則

　　○組織としての対応
　　○外部専門機関との連携
　　○取引を含めた一切の関係遮断
　　○有事における民事と刑事の法的対応
　　○裏取引や資金提供の禁止

　②　反社会的勢力のとらえ方

　　暴力、威力と詐欺的手法を駆使して経済的利益を追求する集団又は個人である「反社会的勢力」をとらえるに際しては、暴力団、暴力団関係企業、総会屋、社会運動標榜ゴロ、政治活動標榜ゴロ、特殊知能暴力集団等といった属性要件に着目するとともに、暴力的な要求行為、法的な責任を超えた不当な要求といった行為要件にも着目することが重要である（平成23年12月22日付警察庁次長通達「組織犯罪対策要綱」参照）。

Ⅱ－3－1－4－2　主な着眼点

　反社会的勢力とは一切の関係をもたず、反社会的勢力であることを知らずに関係を有してしまった場合には、相手方が反社会的勢力であると判明した時点で可能な限り速やかに関係を解消するための態勢整備及び反社会的勢力による不当要求に適切に対応するための態勢整備の検証については、個々の取引状況等を考慮しつつ、例えば以下のような点に留意することとする。

（1）組織としての対応

　　反社会的勢力との関係の遮断に組織的に対応する必要性・重要性を踏まえ、担当者や担当部署だけに任せることなく取締役等の経営陣が適切に関与し、組織として対応することとしているか。また、銀行単体のみならず、グループ一体となって、反社会的勢力の排除に取り組むこととしているか。さらに、グループ外の他社（信販会社等）との提携による金融サービスの提供などの取引を行う場合においても、反社会的勢力の排除に取り組むこととしているか。

（2）反社会的勢力対応部署による一元的な管理態勢の構築

　　反社会的勢力との関係を遮断するための対応を

総括する部署（以下「反社会的勢力対応部署」という。）を整備し、反社会的勢力による被害を防止するための一元的な管理態勢が構築され、機能しているか。

特に、一元的な管理態勢の構築に当たっては、以下の点に十分留意しているか。

① 反社会的勢力対応部署において反社会的勢力に関する情報を積極的に収集・分析するとともに、当該情報を一元的に管理したデータベースを構築し、適切に更新（情報の追加、削除、変更等）する体制となっているか。また、当該情報の収集・分析等に際しては、グループ内で情報の共有に努め、業界団体等から提供された情報を積極的に活用しているか。さらに、当該情報を取引先の審査や当該金融機関における株主の属性判断等を行う際に、適切に活用する体制となっているか。

② 反社会的勢力対応部署において対応マニュアルの整備や継続的な研修活動、警察・暴力追放運動推進センター・弁護士等の外部専門機関との平素からの緊密な連携体制の構築を行うなど、反社会的勢力との関係を遮断するための取組みの実効性を確保する体制となっているか。特に、平素より警察とのパイプを強化し、組織的な連絡体制と問題発生時の協力体制を構築することにより、脅迫・暴力行為の危険性が高く緊急を要する場合には直ちに警察に通報する体制となっているか。

③ 反社会的勢力との取引が判明した場合及び反社会的勢力による不当要求がなされた場合等において、当該情報を反社会的勢力対応部署へ迅速かつ適切に報告・相談する体制となっているか。また、反社会的勢力対応部署は、当該情報を迅速かつ適切に経営陣に対し報告する体制となっているか。さらに、反社会的勢力対応部署において実際に反社会的勢力に対応する担当者の安全を確保し担当部署を支援する体制となっているか。

（3）適切な事前審査の実施

反社会的勢力との取引を未然に防止するため、反社会的勢力に関する情報等を活用した適切な事前審査を実施するとともに、契約書や取引約款への暴力団排除条項の導入を徹底するなど、反社会的勢力が取引先となることを防止しているか。

提携ローン（4者型）[注]については、暴力団排除条項の導入を徹底の上、銀行が自ら事前審査を実施する体制を整備し、かつ、提携先の信販会社における暴力団排除条項の導入状況や反社会的勢力に関するデータベースの整備状況等を検証する態勢となっているか。

（注）提携ローン（4者型）とは、加盟店を通じて顧客からの申込みを受けた信販会社が審査・承諾し、信販会社による保証を条件に金融機関が当該顧客に対して資金を貸付けるローンをいう。

（4）適切な事後検証の実施

反社会的勢力との関係遮断を徹底する観点から、既存の債権や契約の適切な事後検証を行うための態勢が整備されているか。

（5）反社会的勢力との取引解消に向けた取組み

① 反社会的勢力との取引が判明した旨の情報が反社会的勢力対応部署を経由して迅速かつ適切に取締役等の経営陣に報告され、経営陣の適切な指示・関与のもと対応を行うこととしているか。

② 平素から警察・暴力追放運動推進センター・弁護士等の外部専門機関と緊密に連携しつつ、預金保険機構による特定回収困難債権の買取制度の積極的な活用を検討するとともに、当該制度の対象とならないグループ内の会社等においては株式会社整理回収機構のサービサー機能を活用する等して、反社会的勢力との取引の解消を推進しているか。

③ 事後検証の実施等により、取引開始後に取引の相手方が反社会的勢力であると判明した場合には、可能な限り回収を図るなど、反社会的勢

力への利益供与にならないよう配意しているか。

　④　いかなる理由であれ、反社会的勢力であることが判明した場合には、資金提供や不適切・異例な取引を行わない態勢を整備しているか。

（6）反社会的勢力による不当要求への対処

　①　反社会的勢力により不当要求がなされた旨の情報が反社会的勢力対応部署を経由して迅速かつ適切に取締役等の経営陣に報告され、経営陣の適切な指示・関与のもと対応を行うこととしているか。

　②　反社会的勢力からの不当要求があった場合には積極的に警察・暴力追放運動推進センター・弁護士等の外部専門機関に相談するとともに、暴力追放運動推進センター等が示している不当要求対応要領等を踏まえた対応を行うこととしているか。特に、脅迫・暴力行為の危険性が高く緊急を要する場合には直ちに警察に通報を行うこととしているか。

　③　反社会的勢力からの不当要求に対しては、あらゆる民事上の法的対抗手段を講ずるとともに、積極的に被害届を提出するなど、刑事事件化も躊躇しない対応を行うこととしているか。

　④　反社会的勢力からの不当要求が、事業活動上の不祥事や役職員の不祥事を理由とする場合には、反社会的勢力対応部署の要請を受けて、不祥事案を担当する部署が速やかに事実関係を調査することとしているか。

（7）株主情報の管理

　定期的に自社株の取引状況や株主の属性情報等を確認するなど、株主情報の管理を適切に行っているか。

Ⅱ－3－1－4－3　監督手法・対応

　検査結果、不祥事件等届出書等により、反社会的勢力との関係を遮断するための態勢に問題があると認められる場合には、必要に応じて法第24条に基づき報告を求め、当該報告を検証した結果、業務の健全性・適切性の観点から重大な問題があると認められる場合等には、法第26条に基づく業務改善命令の発出を検討するものとする。その際、反社会的勢力への資金提供や反社会的勢力との不適切な取引関係を認識しているにもかかわらず関係解消に向けた適切な対応が図られないなど、内部管理態勢が極めて脆弱であり、その内部管理態勢の改善等に専念させる必要があると認められるときは、法第26条に基づく業務改善に要する一定期間に限った業務の一部停止命令の発出を検討するものとする。

　また、反社会的勢力であることを認識しながら組織的に資金提供や不適切な取引関係を反復・継続するなど、重大性・悪質性が認められる法令違反又は公益を害する行為などに対しては、法第27条に基づく厳正な処分について検討するものとする。

（Ⅱ－3－1－5　省略）

Ⅱ－3－1－6　不適切な取引等

Ⅱ－3－1－6－1　履行保証

　銀行が、いわゆる履行ボンド等、建設工事等の履行保証を行う場合には、保証履行の際に、銀行が、自ら工事を完成させる等法第12条に照らして銀行が行うことができない業務を行う必要が生じない契約内容となっているか。

Ⅱ－3－1－6－2　正常な取引慣行に反する不適切な取引の発生の防止

　過度な協力預金、過当な歩積両建預金等の受入れ、他金融機関への過度な預金紹介、銀行の業務範囲に含まれない商品等の紹介斡旋、顧客の印鑑等の預かり、関連会社等との取引の強要等独占禁止法上問題となる優越的な地位の濫用や顧客の実際の資金需要に基づかない決算期を跨った短期間の与信取引の依頼など正常な取引慣行に反する不適切な取引の発生をどのように防止しているか。

確認テスト●解答

Ⅰ コンプライアンスの基本

1．（○）p.9 参照
2．（×）金融商品に関する説明義務と説明義務違反の効果を定めているのは、金融商品の販売等に関する法律（金融商品販売法）である。p.11 参照
3．（○）p.12 参照
4．（×）環境型のセクシュアル・ハラスメントは、労働者の意に反する性的な言動により労働者の就業関係が不快なものとなったため、能力の発揮に重大な悪影響が生じるなどその労働者が就業するうえで見逃すことができない程度の支障が生じるものをいう。p.15 参照
5．（○）p.16 参照

Ⅱ コンプライアンスの実践

1．（○）p.22 参照
2．（×）不祥事件が発覚した場合、部店等からコンプライアンス統括部門に迅速な報告が行われる必要がある。p.25 参照
3．（○）p.27 参照
4．（○）p.30 参照
5．（×）個人情報保護法は、本人の同意なく個人データを第三者へ提供することを禁止している（同法23条1項）。p.32・33 参照
6．（×）取引時確認における本人特定事項は、個人の場合は氏名・住居・生年月日である。p.42 参照
7．（○）p.52 参照
8．（○）p.55 参照
9．（×）代筆は、法律的には「準委任」とみなされ、担当者は善良な管理者の注意義務をもって事務を処理する必要があり、慎重な対応が必要である。p.60 参照
10．（○）p.70 参照
11．（×）銀行取引約定書は個人事業者を含む企業との融資取引の基本約定書である。p.77 参照
12．（×）金融商品取引業者等は、適合性の原則を貫徹するため、顧客の属性を知り、その顧客に合致した金融商品を勧誘すべきであり、顧客が望むからといって当該顧客に合致しない金融商品を販売してはならない。p.87・88 参照

13. （ × ） 税務相談も禁じられており、税務相談を受けるような場合には、税率等の一般論を答えるにとどめ、具体的な相続税の算出などは控えるべきである。p.102・103 参照
14. （ ○ ） p.104 参照
15. （ ○ ） p.107 参照

学習テキスト　はじめてのコンプライアンス

2015年12月15日　初版第1刷発行

著　者　香　月　裕　爾
発行者　酒　井　敬　男
発行所　株式会社　ビジネス教育出版社

〒102-0074　東京都千代田区九段南4-7-13
電話 03（3221）5361（代表）／FAX 03（3222）7878
E-mail▶info@bks.co.jp URL▶http://www.bks.co.jp

落丁・乱丁はお取り替えします。　　印刷・製本／シナノ印刷㈱

2015 Printed in Japan

本書のコピー、スキャン、デジタル化等の無断複写は、著作権法上での例外を除き禁じられています。購入者以外の第三者による本書のいかなる電子複製も一切認められておりません。

ISBN978-4-8283-0590-5